Bruno Machinek

Ohne Gott geht gar nichts

Bruno Machinek

Ohne Gott geht gar nichts

Anstöße für ein spirituelles Update

1. Auflage 2017

© Copyright dieser Ausgabe by
Gerhard Hess Verlag, 88427 Bad Schussenried
Gesamtherstellung Gerhard Hess Verlag
www.gerhard-hess-verlag.de

ISBN 978-3-87336-595-7

Bruno Machinek

Ohne Gott
geht gar nichts

Anstöße für ein spirituelles Update

Gerhard Hess Verlag

Unseren
Kindern und Enkelkindern

Eine Welt ohne Gott betrügt sich um ihren Sinn.

Paul Claudel

„Ohne Gott ist alles fahl und im Letzten aussichtslos."

Hans-Jochen Jaschke, Hamburger Weihbischof

Inhalt

Vorbemerkung

Nach einer bald zweitausendjährigen Geschichte befindet sich das Christentum im säkularisierten Europa in einer tiefgreifenden Krise. Der in seine Ursprungszeit zurückreichende Wahrheitsanspruch der christlichen Verkündigung wird heute gleich von zwei Seiten her in die Zange genommen.

Zum einen wird bezweifelt, ob der Begriff Wahrheit überhaupt auf Religion anwendbar ist; ob es dem Menschen möglich ist, die Wahrheit zu erkennen. Deshalb lehnt man die Suche nach Wahrheit prinzipiell ab, weil freiheitsgefährdend, wie es heißt. Und propagiert statt dessen einen bedenklichen Relativismus, der alles erlaubt, was dem menschlichen Belieben so in den Sinn kommt. Nach dem Motto: „Everything goes."

Zum anderen ist da der Einspruch der modernen Wissenschaften gegenüber den Ursprüngen und Inhalten des Christentums. Sein Anspruch als *religio vera* wird durch den Fortgang der Aufklärung als überholt dargestellt. „Alle Krisen im Innern des Christentums rühren letztlich von der gewaltigen Wucht dieser Frage her", so das Diktum von Papst emeritus Benedikt XVI. Die Kritik an Personen und Institutionen seien verglichen damit eher ein sekundäres Phänomen und die massenhaften Kirchenaustritte die Folge eines viel tiefer reichenden Problems.

Vielfach wird dabei übersehen, dass nicht nur der Wahrheitsanspruch des Christentums in Frage gestellt wird, sondern der Glaube an den vom Christentum verkündeten Gott und an Gott überhaupt. Ein „atheisierender Agnostizismus", wie der Wiener Religionssoziologe *Paul M. Zulehner* es nennt, ist inzwischen die stärkste „Konfession" im deutschsprachigen Raum. Und nicht nur dort. Andere sprechen von einem Atheismus der Gleichgültigkeit. Beide Aussagen deuten darauf hin, dass dieser „in sich ruhende Agnostizimus" (*Ratzinger*) nicht gerade das Ergebnis vertieften Nachdenkens ist als vielmehr ein Mangel an diesem.

Der Grundwasserspiegel religiösen Wissens sinkt nach Aussagen von Pfarrern vor Ort kontinuierlich. Bald werden getaufte und konfirmierte Eltern nicht mehr in der Lage sein, den Glauben ihrer Väter und Mütter an ihre Kinder weiterzugeben. Wobei Wissenschaftler wie Kirchenvertreter darin übereinstimmen, dass in Glaubensfragen nichts wichtiger für Kinder ist als das Erlebnis von Religiosität im Elternhaus. „Denn nur dort, wo daheim über Religiöses oder über Kirche gesprochen wird, wird jene Sprache erlernt, ohne die der Einzelne nicht einmal mit sich selbst und seinem Gewissen in Kategorien des Religiösen denken kann", sagt der Allensbacher Soziologe *Edgar Piel.*

Auf Dauer kann und wird sich der Mensch aber nicht damit abfinden, für das Wesentliche im Leben blind geboren zu sein und zu bleiben. Und sich wieder auf die Suche machen nach dem, was dem Leben Sinn und geistigen Halt verleiht. Dieses Bemühen möchte das vorliegende Buch in zweifacher Hinsicht unterstützen. Indem es einerseits dem unsäglichen Glauben an den Zufall als schöpferischem Prinzip entgegentritt. Und anderseits das Denken wieder auf den Reichtum des christlichen Erbes lenkt, das es auch für kommende Generationen zu bewahren gilt. Möge das eine oder andere Kapitel des Buches in diesem Sinne sich als guter geistlicher Impulsgeber erweisen.

Aalen, März 2017

A

Die „Gretchenfrage":
Wie halten wir es mit der Religion

1.

Wie religiös sind wir eigentlich noch?

Es ist das Verdienst der Aufklärung des 18. und 19. Jahrhunderts, dass Staat und Kirche in den säkularen westlichen Gesellschaften inzwischen weitgehend von einander getrennt sind. Mit Blick auf die muslimischen Staaten lernen wir das gegenwärtig wieder zu schätzen und halten es nicht mehr für selbstverständlich. Die 68er Revolution hat gegen Ende des letzten Jahrhunderts überdies einen Prozess der Privatisierung alles Religiösen in Gang gesetzt, der erwartungsgemäß stark zu Lasten der etablierten Kirchen speziell in Deutschland geht. Die Zugehörigkeit zu einer der großen Konfessionen ist heute nur noch eine Wahlmöglichkeit unter vielen.

Statistisch gesehen sieht es für die Altkirchen auf den ersten Blick gar nicht so schlecht aus. 2006 gehörten ihnen noch 67 % der Bundesbürger an. Allerdings bei anhaltend hohen Austrittszahlen. Mit Rekordwerten für 2014: Über 230 000 Katholiken und 410 000 Protestanten kehrten ihren Kirchen den Rücken. Anlass war zumeist das Inkrafttreten der Abgeltungssteuer auf Kapitalerträge. „Viele halten das Christentum nach wie vor für gut – aber acht oder neun Prozent Kirchensteuer auf die Einkommenssteuer ist es ihnen nicht mehr wert", sagt der Münsteraner Religionssoziologe *Deltlef Pollak*. (*Süddeutsche Zeitung*, 7.8.2015) Ein Indiz dafür, wie locker die Bindungen an eine der großen Konfessionen inzwischen geworden sind.

Die Düsseldorfer *Identity Foundation* hat 2006 in Zusammenarbeit mit der Universität Hohenheim in einer repräsentativen Studie herausfinden wollen, wie es allgemein in Deutschland um Religion und Spiritualität, d. h. aktive Praktizierung von Religion bestellt ist.

Auf der Basis von Interviews mit 1000 repräsentativ ausgewählten Personen fanden sie heraus, dass die spirituell-religiöse Verfassung der Deutschen sich in *vier Typologien* unterteilen lässt:

1. Die *„spirituellen Sinnsucher"* mit *10-15 Prozent* der Bevölkerung. Ihr Sinnbezug speist sich aus Bruchstücken des Humanismus, der Anthroposophie, der Mystik und Esoterik. Der Kosmos wird von einem höheren Wesen oder unpersönlichen „Spirit" zusammengehalten.

2. Die *„religiös Kreativen"* mit ca. *35 Prozent* der Bevölkerung. Sie gehören zwar noch einer der großen Glaubensgemeinschaften an, grenzen sich aber bewusst von den christlichen Lehrmeinungen ab. Sie bauen sich gleichsam ihr religiöses Eigenheim selber, indem sie auf philosphische und humanistische Ideen zurückgreifen und unbekümmert auch Anleihen bei anderen Weltreligionen machen. *Sie glauben nicht an den persönlichen Gott des Christentums.* Ihrer Meinung nach ist Gott nichts anderes als das Wertvolle im Menschen.

3. Die *Traditions-Christen* mit ca. *10 Prozent* der Bevölkerung. Sie glauben an einen persönlichen Gott, zu dem sie über das Gebet in Kontakt treten können. Im Laufe ihres Lebens haben sie ihren Glauben vertieft und intensiviert und wünschen sich einen stärkeren Gottesbezug im öffentlichen Leben. Religiöse Rituale geben ihrem Alltag Struktur.

4. Die *unbekümmerten Alltags-Pragmatiker* mit ca. *40 Prozent* der Bevölkerung. Sie sind vor allem an der eigenen Zufriedenheit und wirtschaftlichen Lage interessiert. Die gelegentlich aufkommende Sinnfrage lösen sie über ihr Engagement im Beruf und über familiäre und freundschaftliche Beziehungen. Jeder Zweite dieser Gruppe bezeichnet sich als überzeugten Atheisten. Der Sinn des Lebens ist es, für sich das Beste herauszuholen. Der Mensch ist lediglich ein Produkt der Naturgesetze.

Nun sind Zahlenangaben darüber, wieviele Menschen welche Anschauungen teilen, mit einiger Vorsicht zu genießen. Der individuelle Zuschnitt der Ansichten passt nicht immer in das vorgegebene Raster repräsentativer Umfragen. Dennoch ist der in den Zahlen abgebildete Befund durchaus signifikant. Zumal er durch zwei neue Studien von 2013 und 2015 weitgehend bestätigt wird und die Entwicklung eine beachtliche Konstanz aufweist.

Religiosität als Ehrfurcht vor der Ordnung und Vielfalt in der Welt und die *Empfindung einer transzendenten Wirklichkeit* mag, zumindest in Westdeutschland, noch verbreitet vorhanden sein. Nur ein geringer Anteil der Menschen bekennt sich offen zum Atheismus, Ost und West zusammen 20 %. Aber Spiritualität als bewusste Hinwendung und aktive

Praktizierung einer als richtig erkannten Religion oder Philosophie ist nur noch in Ansätzen zu erkennen.

Laut *Religionsmonitor der Bertelsmann-Stiftung* verstanden sich 2013 zwar noch 50 % als Kirchenmitglieder (in Deutschland Ost nur noch ca. 20 %) und 10 bis 12 Prozent als praktizierende Katholiken oder Protestanten; aber eine Mehrheit von ihnen glaubt nicht mehr an den persönlichen Gott des Christentums, sondern unbestimmt an ein „höheres Wesen" oder an einen unpersönlichen „Spirit".

Die *Shell-Studie von 2015* weist *in Ostdeutschland* unter den 12-25 Jährigen nur noch *8 % Jugendliche aus, die an einen persönlichen Gott* glauben. Im Westen Deutschlands sind es immerhin noch 23 %, von denen die meisten aber eine *„Patchwork-Religion"* pflegen: eine Verküpfung von religiösen und pseudo-religiösen Elementen und Aberglauben. Das ist wenig überraschend, wenn man bedenkt, dass in Deutschland West laut Religionsmonitor von 2013 nur noch jeder Vierte religiös erzogen wurde. Im Osten Deutschlands nicht mal mehr jeder Achte (12 Prozent).

Die *Bertelsmann-Studie* folgert daraus, „dass fehlende religiöse Erfahrungen und nicht mehr vorhandenes religiöses Wissen ganz offensichtlich dazu führen, dass vielen Menschen ein Leben ohne Religion als ganz selbstverständlich erscheint."

Vor diesem Hintergrund, so heißt es weiter, erscheint in nächster Zeit eine Renaissance der Religion eher unwahrscheinlich. Das ist noch sehr vorsichtig ausgedrückt, wenn man bedenkt, dass von 50 % der Kirchenmitglieder in Westdeutschland nur noch eine Minderheit entschlossen ist, ihren Glauben einmal an ihre Kinder weiterzugeben. „Bei den 14-25 Jährigen kippt da gerade etwas", sagt *Detlef Pollack* in einem Interview mit der *Süddeutschen Zeitung.*

Es gibt aber auch einen positiven Befund in allen drei Untersuchungen: Selbst Kirchenferne und aus den Kirchen Ausgetretene finden es mehrheitlich gut, dass es die Kirchen gibt. Ein Vergleich mit den Gewerkschaften bietet sich an. Auch dort erwartet eine große Mehrheit von Nicht-Mitgliedern, dass die Gewerkschaften ihre Interessen wahrnehmen. Nur dass bei den Kirchen etwas von existenzieller Bedeutung und Tragweite auf dem Spiel steht, und zwar für jeden Einzelnen. Oder könnte, wie *Paul M. Zulehner* meint, der christliche Glaube und damit die Kirchen wieder an Boden gewinnen aus der *„erschöpften Moderne"*? Aus der großen Zahl Suchender in den säkularisierten Gesellschaften?

Die spirituelle Sehnsucht, sofern sie nicht bewusst unterdrückt wird, ist in jedem Menschen vorhanden, von Gott uns gleichsam ins Herz geschrieben. (Zulehner S. 75) Sie läuft aber in Gefahr zur Selbsterlösung zu werden. Um diesem letztlich sinnlosen Bemühen zu entgehen, bedarf es als Erstes eines „aktualisierten" Gottesbildes: das eines persönlichen, den Menschen seit Urzeiten zugewandten Gottes. Die Bestätigung der *„Urgefundenheit" des Menschen durch Gott,* der die Welt „ex amore", aus Liebe, und nicht nur „ex nihilo", aus dem Nichts geschaffen hat. Welchen Aufwand der Schöpfer dabei getrieben hat, soll in den folgenden Kapiteln angedeutet werden und geeignet sein, den *Ungeist der Zufallsgläubigkeit* zu vertreiben, den die Naturwissenschaften uns lange Zeit suggeriert haben und der viele bis heute daran hindert, sich mit dem Glauben an Gott als Schöpfer des Himmels und der Erde auseinanderzusetzen. Den Fragen nach dem Woher alles Seienden und dem Sinn unseres Erdenlebens. Fragen, auf die, wie wir sehen werden, die Naturwissenschaften prinzipiell keine Antworten geben können.

Wir sollten uns ruhig einmal darauf besinnen, welcher der genannten Gruppen wir selber uns zuordnen würden. Den *Alltagspragmatikern*, die religiös unbekümmert in den Tag hineinleben und den lieben Gott einen guten Mann sein lassen, wie man so sagt? Oder *den religiös Kreativen*, die sich ihr religiöses Eigenheim selber erstellt haben? Auf wirklich sicherem Fundament, den Stürmen der Zeit gewachsen? Oder *der großen Zahl Suchender*, die nicht zur Ruhe kommen, weil sie die Art der kirchlichen Verkündigung als spirituell entleert empfinden? Oder den 10 % der *Traditions-Christen*, die das Glück hatten, im Elternhaus einen gelebten Glauben vorzufinden?

Keiner der genannten Gruppen ist es jedoch auf Dauer vergönnt, auf ein immer neues Bemühen zu verzichten, um nicht auf der Stufe eines verkürzten Kinderglaubens stehen zu bleiben. Ohne regelmäßige *Updates*, wie es auf Neudeutsch heißt, werden wir leicht zu Opfern der rauhen Wirklichkeit. Mit Grenzsituationen konfrontiert, in denen wir mit unserem Latein am Ende sind, finden wir nur gnadenhaft zu jener Demut und Wahrhaftigkeit zurück, die uns Menschen der Gottesglaube abverlangt. Weil Gott selber die Demut ist. Wovon im weiteren noch zu reden sein wird.

2.

Was steckt hinter der schleichenden Entchristlichung?

Angenommen ein böser Geist hätte es darauf angelegt, den Glauben an Gott, speziell an den persönlichen Gott des Christentums, zu untergraben und einen schleichenden Prozess der Entchristlichung ganzer Gesellschaften in Gang zu setzen: Wie müsste er aufgrund historischer Erfahrungen vorgehen, um dies mit Aussicht auf Erfolg zu bewerkstelligen?

Mit groß angelegten propagandistischen Kampagnen, staatlichen Verboten und Schikanen wohl eher nicht. Das stärkt meist nur die inneren Widerstände der Gläubigen und bringt Märtyrer und Heilige hervor, wie schon die Geschichte des alten Roms beweist.

Nationalsozialisten und Kommunisten sind als Letzte nach diesem Rezept verfahren und am Ende gescheitert. Im post-sowjetischen Russland bekennen sich 80 % der Menschen wieder zu Gott und der russisch-orthodoxen Kirche. Die Ex-DDR liefert nur scheinbar einen Gegenbeweis. Aber dort stießen nach dem Ersten Weltkrieg schon die Nationalsozialisten auf ein ausgeprägtes religiöses Vakuum, an das der marxistisch begründete Atheismus als eine Art Ersatzreligion nur anzuknüpfen brauchte.

Nein, der unterstellte böse Geist müsste ungleich subtiler vorgehen, um nachhaltig Erfolg zu haben. Mit der „Tür ins Haus zu fallen" geht gar nicht. Aufdringlicher *Atheismus weiß vermeintlich zu viel* und macht sich verdächtig. Für einen nachhaltigen Erfolg empfiehlt sich ein diskreteres Vorgehen. Der Wandel des Bewusstseins muss als schleichender Prozess vorangetrieben werden. Vorzugsweise nach folgendem Schema:

1. Der *Schöpfungsglaube* und jegliche Metaphysik muss als *„Rückfall hinter die Aufklärung,* als Aussstieg aus dem Universalanspruch der Wissenschaften" (J. Ratzinger, *FAZ* 8.1.2000) diskreditiert werden. Die Frage nach dem Woher des Ganzen und die Sinnfage muss durch plausible Antworten der Naturwissenschften zum Schweigen gebracht und de*r Zufall zum schöpferischen Prinzip erhoben* werden. Und alles Geistige als bloße Erscheinungsform der Materie umgedeutet werden. Die Philosophie muss gleichsam vom Kopf wieder auf die Beine gestellt werden, wie *Karl Marx* über die Philosophie *Friedrich Hegels* urteilte, dem einflussreichsten Denker der 19. Jahrhundert. Der den Verlauf der Geschichte als eine dialektische Bewegung hin zu immer mehr Freiheit des Menschen deutete. Das Resümè seiner Erkenntnisse lautete „Es wird was wahr ist".

2. Auch für die *Entstehung des Lebens* auf unserem Planeten müssen die Wissenschaften eine plausible Antwort bereitstellen. *Das Darwin-Prinzip* von Mutation und Auslese und die Hypothese von *Zufall und Notwendigkeit* des Nobelpreisträgers Eigen sind ein solcher Versuch und darf von niemandem bezweifelt werden, der sich für einen aufgeklärten Menschen hält. Auch wenn diesem Prinzip der Makel anhaftet, wissenschaftlich prinzipiell nicht beweisbar zu sein. Was Laien aber nicht zu interessieren hat.

3. Im Zuge einer materialistischen Welterklärung *muss die Deutungshoheit über das Dasein* der Philosophie und Theologie entzogen und *den Naturwissenschaften übertragen* werden. Gültigkeit und Wahrheit darf nur noch beanspruchen, was sich in Maß, Zahl und wissenschaftlichen Labortests verifizieren lässt. Letztlich muss alles erklärbar

erscheinen und die „Hypothese Gott" (Laplace) entbehrlich werden. Diese als *Positivismus* bezeichnete Einstellung muss im wissenschaftlichen Diskurs die Oberhand gewinnen. An die Stelle von Philosophie und Theologie muss eine *philosophia naturalis* treten, die den Anspruch erhebt, für alle Fragen des modernen Menschen eine wissenschaftliche Antwort bereit zu haben.

4. Schließlich und endlich muss *der Gott der Offenbarung zum Schweigen gebracht* werden. Und zwar durch die *Enthistorisierng des Christentums*. Dafür eignet sich passgenau die positivistische Methode: Alles was mit Wundern zu tun hat, also wissenschaftlich nicht erklärbar ist, muss in den biblischen Berichten in Zweifel gezogen und von Theologen wegerklärt und getilgt werden. Jesus Christus als wundertätiger Gottessohn muss auf den besten aller Menschen und genialen Sozialreformer reduziert werden. Indem die Berichte des Neuen Testaments durch die Verabsolutierung der sog. *historisch-kritischen Methode* – arbeitet mit der inzwischen als überholt geltenden formgeschichtlichen Analyse – in wesentlichen Teilen als fromme Erzählungen, Legenden und Mythen entlarvt werden. Der *geschichtliche Jesus* muss vom *Christus des Glaubens streng geschieden* werden. Übrig bleibt dann nur ein Jesus als großer Mensch und antiker Sozialreformer und ein entspiritualisiertes, säkularisiertes *„Christentum light"*, das die Gläubigen verunsichert und die spirituell Suchenden abstößt.

Ist dies alles ein aussichtsloses Unterfangen des fiktiven oder auch tatsächlichen „bösen Geistes"? In der Bibel als Lügner und Verführer des Menschen von Anbeginn bezeichnet? Der

21

kundige Leser hat natürlich längst gemerkt, *dass genau all dies in den letzten Jahrzehnten stattgefunden hat*. Es ist ein Wunder, dass unter diesen Umständen sich überhaupt noch eine bedeutende Zahl von Menschen im westlichen Europa zum Christentum bekennt. Was ist es eigentlich, was einen gewissen Prozentsatz der Menschen immer noch am Glauben unserer Väter fest-halten lässt? Offenbar gibt es sehr vernünftige Gründe dafür. Und diese gilt es allen Zweiflern und Suchenden so vor Augen zu führen, dass sie auch und gerade im Zeitalter der Wissen-schaften noch überzeugen können. Oder anders gesagt: Es gilt die Anmaßungen bestimmter Wissenschaften, mit denen sie in einem schleichenden Prozess den Glauben vieler Menschen untergraben haben, ihre Grenzen aufzuzeigen und ihre Unzu-ständigkeit in Bezug auf die letzten Fragen unseres Mensch-seins wieder klar ins Bewusstsein zu rufen, um eine neue Nachdenklichkeit anzuregen, der sich ob ihrer existentiellen Bedeutung eigentlich niemand verschließen kann.

3.

Wie können Suchende wieder an den Gottesglauben herangeführt werden?

Eines scheint festzustehen: der Verweis auf Bibel und Tradition wird zunächst einmal wenig bewirken. Ihre Berichte sind, nicht ohne Mitschuld rechthaberischer professoraler Ausleger, in einer Weise relativiert worden, dass viele Menschen in den Schriften nur noch ein Kompendium schöner Legenden und Mythen sehen. Als solche greifen und ergreifen sie nicht mehr. *„Die Gottesfrage stellt sich angesichts der technologischen Entwicklung unter neuen Vorzeichen"*, sagt der Theologe *Eugen Biser* in seinem Buch über die Zukunft des Glaubens an Gott. (E. Biser, *Hat der Glaube eine Zukunft?*, S. 103)

In einer von der Aufklärung und den Wissenschaften geprägten Zeit brauchen wir **einen anderen Ansatz**. Einen Ansatz, der sich mit den Methoden auseinandersetzt, mit denen seit der Aufklärung der Glaube an Gott, an die göttliche Offenbarung und die Verheißung der persönlichen Unsterblichkeit diskreditiert wurde. Mit nicht geringem Erfolg, wie wir heute sehen.

Wir brauchen eine Aufklärung von der Art, die Schritt für Schritt die oben genannten Ansprüche und Methoden der Wissenschaften als Überschreitung von deren Kompetenz im Blick auf die sog. „letzten Fragen" aufzeigt. Anderseits muss diese **neue Aufklärung** die freiheitlichen Aspekte der Aufklärung des 18. Jahrhundert übernehmen, die es ohne die Botschaft des Christentums auch gar nicht gäbe. Man denke an das Paulus-Wort: „Die Wahrheit wird euch frei machen." Gemeint ist die von Jesus Christus verkündete Gotteskindschaft des Menschen.

Die Parolen der Französichen Revolution von 1789 „Freiheit, Gleichheit, Brüderlichkeit" sind nichts anderes als säkularisierte Versionen dessen, was nur im Christentum heranreifen konnte, das den gleichen Wert jedes Einzelnen vor Gott verkündete. Dass unsere freiheitliche Grundordnung ohne Besinnung auf ihre christlichen Wurzeln gefährdet ist, erleben wir derzeit wieder auf beunruhigende Weise.

Die erforderlichen Schritte einer solchen neuen Aufklärung wären im Einzelnen:

1. Dem noch immer *vorherrschenden Positivismus* muss in Bezug auf den Glauben an Gott seine Grenzen aufgezeigt werden und seine Untauglichkeit im Blick auf die letzten Fragen unseres Daseins wieder überzeugend dargelegt werden.

2. Dazu gehört in erster Linie, dass dem *Zufall als schöpferischem Prinzip* endlich auch durch die Naturwissenschaften aus Gründen intellektueller Redlichkeit widersprochen werden muss. Weil diese Annahme alles Nachdenken der Menschen über das Woher unseres Daseins verhindert. Vorgeblich ist ja alles durch die Wissenschaften geklärt: Alles ist ein Produkt des Zufalls. „Und nichts als der Zufall und der blinden Freiheit." (*Jacques Monod*)

3. Das *Darwin-Schema* zur Erklärung der Entstehung des Lebens und der Arten muss als unwissenschaftlich entlarvt werden. *„Zufall und Notwendigkeit"* sind keine wissenschaftlichen Kategorien und dürfen nicht zum schöpferischen Prinzip erhoben werden. Das Darwin-Prinzip von Mutation und Auslese *taugt nicht für die Entstehung der Arten* sondern nur für deren *Anpassung* an die jeweilige Umgebung. Auch und gerade weil es keine Alternative

dazu gibt, gilt es dem Schöpfungsglauben wieder Geltung zu verschaffen.

4. Die **Deutungshoheit über unser Dasein** muss wieder zurück in die Hände von Philosophie und Theologie, in denen sie Jahrtausende lag, bevor die Naturwissenschaften im Zuge der Aufklärung sie ihnen entrissen hat. Und an die Stelle der Metaphysik eine *philosophia naturalis* gesetzt hat mit dem Anspruch auf eine letztgültige Methode der Wahrheitsfindung und Welterklärung.

5. Der **Enthistorisierung des Christentums** muss mit historischen Fakten begegnet werden. Der von *Rudolf Bultmann* etablierten und von seinen Nachfolgern **verabsolutierten historisch-kritischen Methode** müssen die neuesten Forschungsergebnisse über die *Qumran-Funde* und die *Grabungen an den Heiligen Stätten* entgegengesetzt werden. Die biblischen Berichte entziehen sich per se der Anwendung naturwissenschaftlicher Kriterien, mit denen moderne Schriftgelehrte glaubten, allem Wundersamen und Unerklärlichen den Geltungsanspruch verweigern zu müssen.

6. Alle Zweifler müssen mit dem Faktum konfrontiert werden, dass es **Wunder** in großer Zahl gab und immer wieder gibt. An Wunder braucht man nicht zu glauben, sie sind **als Fakten nachprüfbar.** Man muss nur bereit sein, sie zur Kenntnis zu nehmen.

Der Vollzug dieser Schritte schafft als solcher noch keine Gottgläubigen. Er schafft aber *die Voraussetzungen* dafür, dass Menschen im Zeitalter der Wissenschaften sich überhaupt wieder mit der Gottesfrage und den letzten Fragen unserer Existenz beschäftigen; anstatt sie unter Verweis auf die Wissenschaften zu umgehen und jede Perspektive eines *transzendenten Seins, das unserem Sein vorausgeht*, zu negieren.

Bei einer derartigen Besinnung wird sich zunächst einmal zeigen, dass *der Glaube an Gott vernünftig* und der *Unglaube höchst unvernünftig* ist. **Dass Glauben und Vernunft nicht im Widerspruch** stehen und dass die Wissenschaften sich unbesorgt um ihr Ansehen in den Dienst des Glaubens an Gott stellen können. Dass sie sich nichts vergeben, wenn sie offen eingestehen, dass ihr Forschen auf unübersteigbare Grenzen stößt, die letztlich nur durch einen sich offenbarenden Gott überschritten werden können; wie schon Plato, der größte Philosoph des Altertums, in aller Demut einräumte. Diese hier skizzierte Aufgabe kann und muss eine *neue Aufklärung* leisten, wenn dem um sich greifenden **atheisierenden Agnostizismus** (Zulehner) in unserer säkularisierten Welt begegnet werden soll.

Darüber hinaus kann die demütige Erkenntnis, dass nur ein allweiser und allmächtiger Gott Welt und Menschen ins Dasein gerufen hat, auch wieder *den Weg ebnen zum Gott der Offenbarung*, wie ihn das Christentum seit 2000 Jahren verkündet. Weil Gott *ohne Jesus Christus* zu einem Gespenst wird, wie es der in der Nachkriegszeit bekannte *Pastor Niemöller* einmal sehr drastisch ausgedrückt hat.

Dass dieser als neue Aufklärung bezeichnete Weg durchaus erfolgversprechend ist, dafür steht die Lebensgeschichte des bekannten Jounalisten **Peter Seewald**. Als notorischer Skeptiker und Zweifler mutierte er unter dem Eindruck seiner Gespräche mit seinem prominenten Interviewpartner Kardinal Josef Ratzinger (veröffentlicht in den viel beachteten Büchern „Salz der Erde" und „Gott und die Welt") zu einem gläubigen Christen.

In seinem 2010 erschienenen Buch „*Als ich begann wieder an Gott zu denken*" hat er seine Bekehrungsgeschichte ebenso eindrucksvoll wie nachvollziehbar beschrieben. Seewald war es auch, der den Gekanken einer sog. „Neuen Aufklärung" schon in den 90er Jahren ins Gespräch gebracht hatte: Neben dem freiheitlichen Aspekt der Aufklärung gelte es, die Dimension des Glaubens in Leben und Denken der Menschen einzubeziehen und damit *eine neue Ganzheitlichkeit des Menschen* wieder herzustellen.

Die modernen Naturwissenschaften mit ihrer Fülle unfassbar diffiziler Erkenntnisse sind nicht nur *glaubensverträglich*; sie fordern geradezu heraus zu einem Überdenken agnostischer Positionen und zu einer neuen spirituellen Suche. Nur dürfen wir uns nicht der Vernunft verschließen und müssen bereit sein, Fakten zur Kenntnis zu nehmen. *Gott kann* von uns Menschen zwar niemals begriffen werden, aber er kann *gewusst werden.*

In dieser Zuversicht machen wir uns nachfolgend daran, die oben genannten Punkte als Denkanstöße zu thematisieren. Logischerweise muss am Anfang *die Frage nach dem Woher* des Ganzen stehen. Die Antwort der Bibel darauf ist eindeutig. Aber welche Botschaften gehen heute von den modernen Naturwissenschaften aus, vor allem der Physik und der Biologie und deren spezialisierten Ablegern, der *Kosmologie* und der *Astrobiologie?*

„Jedem tiefen Naturforscher muss eine Art religiösen Gefühls nahe liegen, weil er sich nicht vorzustellen vermag, dass die ungemein feinen Zusammenhänge, die er erschaut, von ihm zum ersten Mal gedacht werden. Im unbegreiflichen Weltall offenbart sich eine grenzenlos überlegene Vernuft. ... Die gängige Vorstellung, ich sei Atheist, beruht auf einem großen Irrtum. Wer sie aus meinen wissenschaftlichen Theorien herausliest, hat sie kaum begriffen."

Albert Einstein

„Zwischen Religion und Naturwissenschaft finden wir nirgends einen Widerspruch. Sie schließen sich nicht aus, wie heutzutage manche glauben oder fürchten, sondern sie ergänzen und bedingen einander."

Max Planck

B

Welche Signale gehen von den Naturwissenschaften aus?

1.

Unser Weltall: Das Unwahrscheinliche als Realität

Da ist zum einen die Tatsache, dass unser Universum vor etwa 14 Milliarden Jahren in einem „Blitz aus Energie und Licht" in unvorstellbar kurzer Zeit entstanden ist: In 10 hoch minus 43 Sekunden! Das ist eine Bruchzahl, die im Nenner die Zahl zehn 43 Mal mit sich selbst multipliziert. Also ein Zehntel Millionstel Millionstel Millionstel Millionstel Millionstel Millionstel Millionstel von einer Sekunde. Nach menschlichen Begriffen quasi in Null Komma nichts. Ohne dass die Naturwissenschaften jemals werden sagen können, wer oder was diese „Explosion" ausgelöst hat, die vereinfachend als *„Urknall"* bezeichnet wird. Für *Robert Jastrow*, Physiker im Dienste der NASA seit ihrer Gründung 1958, schreit dieser Vorgang geradezu nach einer göttlichen Erklärung. *Die Natur kann sich nicht selbst geschaffen haben.*

In dieser gegen Null tendierenden Zeit wurde die gesamte Materie und Antimaterie zu gleichen Teilen geschaffen. Binnen einer Millionstel Sekunde kühlte diese so weit ab, dass Quarks und Antiquarks entstehen konnten, die Bausteine von Atomen. Auf etwa eine Milliarde Quarks und Antiquarks kam je ein zusätzliches Quark. Dieser winzige Teil macht die gesamte Masse des Universums aus, die überwiegend vorhandene sog. dunkle Materie inbegriffen. ***Bei kompletter Symmetrie von Materie und Antimaterie wäre das Universum in reiner Strahlung aufgegangen,*** und weder Galaxien noch Sterne oder gar wir Menschen hätten entstehen können.

Francis Collins nennt ein weiteres Beispiel für die unglaublich präzise Feinabstimmung der 15 physikalischen Naturkonstanten, die viele Forscher einfach nur als Wunder betrachten. „Wenn die Expansionsrate eine Sekunde nach dem Urknall auch nur ein 100.000 Millionstel Millionstel kleiner gewesen wäre, wäre das Universum wieder kollabiert, bevor es überhaupt seine jetzige Größe erreicht hätte", hat der derzeit wohl größte Mathematiker und Kosmologe, *Steven Hawking*, errechnet. Nachzulesen in Hawkings *„Eine kurze Geschichte der Zeit"*, Seite 158. Wäre anderseits die Ausdehnungsgeschwindigkeit auch nur um ein Millionstel größer gewesen, hätten sich weder Sterne noch Planeten bilden können.

Unser Wissen über die Atome

Ähnliches gilt für die starken Kräfte im Innern der Atomkerne, welche Protonen und Neutronen zusammenhalten. Wären diese nur um ein Geringes schwächer gewesen, dann hätte sich nur Wasserstoff im Universum bilden können. Wären die Kernkräfte auch nur etwas stärker gewesen, wäre im Frühstadium nach dem Urknall der gesamte Wasserstoff in Helium umgewandelt worden, statt der nur 25 %. Mit der Folge, dass dann auch „die Fusionsöfen der Sterne und ihre Fähigkeiten, schwerere Elemente zu generieren", sich niemals hätten bilden können. (Collins, S. 60) Und eben diese schweren Elemente waren die Voraussetzung für die Entstehung des Lebens auf unserer Erde. Fast sämtliche Atome unseres Körpers entstanden in den nuklearen Öfen der Supernovae, den sterbenden Großsternen, irgendwo im Universum. Es bedurfte der gigantischen Galaxien, um sie herzustellen. Alles Leben wird am Ende zwar wieder Staub der Erde, hat aber den „Sternenstaub" zur Voraussetzung. *Wir Menschen sind* in atomarer Hinsicht tatsächlich *Staub der Sterne.*

Überdies war im Entstehungsstadium die nukleare Kraft so genau abgestimmt, dass sich Kohlenstoff bilden konnte, eine Grundvoraussetzung für die Entstehung von Leben. Wären die Anziehungskräfte nur geringfügig größer gewesen, wäre der Kohlenstoff vollständig in Wasserstoff umgewandelt worden. Insgesamt gibt es, wie bereits erwähnt, 15 physikalische Naturkonstanten, u.a. die Lichtgeschwindigkeit, die Stärke der Kernkräfte und die Schwerkraft. „Die Wahrscheinlichkeit, dass alle Konstanten genau den Wert haben, der vonnöten ist, um ein stabiles Universum mit ausdauernden komplexen Lebensformen zu bilden, ist verschwindend gering. Und trotzdem sind diese Konstanten genau diejenigen, die wir beobachten. Alles zusammen genommen ist unser Universum ausgesprochen unmöglich", schreibt Francis S. Collins und fährt fort: „Die Existenz eines Universums, wie wir es kennen, steht auf der Schneide eines Messers namens Unwahrscheinlichkeit." (Collins, S. 59)

Staunende Kosmologen

Stephen Hawking, der lange nach einer alles erklärenden „Weltformel" gesucht hatte und sich unter dem Eindruck neuester Forschungsergebnisse vom überzeugten Atheisten zum Theisten

(Gottgläubigen) gewandelt zu haben scheint, schreibt in *Eine kurze Geschichte der Zeit*: „Es wäre schwierig zu erklären, warum das Universum gerade so begonnen haben sollte, wenn es nicht ein Akt Gottes gewesen wäre, der Geschöpfe wie uns schaffen wollte." (a.a.O., S. 165) Und Ion Barbour zitiert Hawking mit folgenden Worten: „Die Wetten gegen ein Universum wie das unsere, das aus etwas wie dem Urknall entsteht, stehen haushoch gegen uns. Ich denke, es gibt eindeutig religiöse Hintergründe." (I. G. Barbour, *When Science meets Religion*, New York 2000)

Arno Penzias, der für die Entdeckung der kosmischen Hintergrundstrahlung den Nobelpreis erhielt und damit die Urknalltheorie untermauerte, fasste sein Staunen in die für einen Wissenschaftler ungewöhnlichen Worte: „Die besten Daten, die wir haben, sind genau die, die ich vorausgesagt hätte, wenn ich mit nichts anderem als den fünf Büchern Mose, den Psalmen und der Bibel als ganzem gearbeitet hätte." Will sagen: **Am Anfang schuf Gott Himmel und Erde.**

Angesichts der Serie von Unwahrscheinlichkeiten stellt der angesehene Physiker *Freeman Dyson* fest: „Je mehr ich das Universum und die Details seiner Architektur untersuche, desto mehr Anzeichen finde ich dafür, dass das Universum irgendwie gewusst haben muss, dass wir kommen." (Zitiert in J. D. Barrow und F. J. Tipler, *The Anthropic Cosmological Principle*, S. 318.)

Das sog. Anthropische Prinzip

Diese kosmologische Sichtweise, die davon ausgeht, dass unser Universum deshalb so einzigartig abgestimmt ist, um menschliches Leben zu ermöglichen, wird als *anthropisches Prinzip* bezeichnet (griechisch: anthropos = Mensch). Obwohl als solches anerkannt (vergl. dazu: I.G. Barbour, *When Science meets Religion*), bietet es Stoff für reichlich Spekulationen. Wer die Diskussion um das Darwin-Schema kennt, den wundert es nicht, dass auch in diesem Falle versucht wird, *den Zufall auch kosmologisch zum schöpferischen Prinzip zu erheben.* Wie etwa in der „Multiversum-Hypothese", welche besagt, dass unser Universum das Ergebnis systematischen Ausprobierens sei. Trial and Error, Versuch und Irrtum übertragen aus dem begrenzten menschlichen Erfahrungsbereich auf den unbegreiflich gewaltigen Bereich des gesamten Kosmos. Welch eine Hybris! Und das alles in der Absicht, der „Hypothese Gott" nicht zu bedürfen!

Natürlich haben Hypothesen in der Wissenschaft ihre Berechtigung. Aber sinnvollerweise nur in dem Maße, wie eine Aussicht besteht, sie verifizieren oder falsifizieren zu können, sei es durch Experimente oder durch mathematische Berechnungen. Wie etwa die Annahme, dass es im gesamten Universum etwa 100 Milliarden Galaxien gibt, von denen jede einzelne einen Durchmesser von 80 bis 100 Millionen Lichtjahren hat und allesamt mit annähernd Lichtgeschwindigkeit seit Beginn des Urknalls vor 13,5 Milliarden Jahren permanent auseinander streben. Wer angesichts dieser unvorstellbaren Dimensionen den Gedanken von Versuch und Irrtum (trial and error) ins Spiel bringt, verlässt den Boden der Wissenschaft und macht aus ihr eine hybride Ideologie. Der Schöpfer des Himmels und der Erde darf bei manchen Wissenschaftlern alles sein, nur um Gottes Willen nicht, was nahe liegt, ein unendlich weiser und allmächtiger Gott, dessen Werke jeden Wissenschaftler eigentlich in die Knie zwingen müssten.

2.

Der blaue Planet Erde: Ein absolutes Unikat?

Geht man von Filmen wie „Star Wars", „Star Trek" und ähnlichen Produktionen aus, dann ist die Botschaft klar: Unser Universum ist erfüllt von außerirdischem Formen von Leben, auch intelligentem Leben und Zivilisationen auf irgendwelchen Planeten in den unendlichen Weiten des Weltalls.

Aufsehen erregende Publikationen der amerikanischen Astronomen *Frank Drake* und *Carl Sagan* in den 1970er Jahren haben solchen Annahmen reichlich Nahrung gegeben. Carl Sagan schätzte 1974, dass allein in unserer Milchstraßen-Galaxie mit einem Durchmesser von 80 Millionen Lichtjahren und 400 bis 800 Milliarden Sonnen etwa eine Million intelligente Zivilisationen existieren könnten.

In den 1990er Jahren und danach vollzog sich allerdings eine Entwicklung, die in der Wissenschaft als *„astrobiologische Revolution"* bezeichnet wird. Sie verdankt sich dem Zusammenspiel einer ganzen Reihe von Einzelwissenschaften: Neben der Astronomie der Biologie, der Paläontologie (erforscht die Entwicklung von Lebewesen im Verlauf der Erdgeschichte), der Ozeanographie, der Mikrobiologie, der Geologie, der Genetik und einigen weiteren Forschungsgebieten.

Zwei namhafte US Wissenschaftler, **Donald Brownlee**, Astrobiologe der NASA und Mitglied der Akademie der Wissenschaften, sowie der Astrogeologe **Peter D. Ward** haben den heutigen Stand des Wissens zu diesem Thema in einem faszinierenden Buch unter dem Titel **„Rare Earth"** (Seltene Erde) zusammengefasst, auf dessen Befunde ich mich im Folgenden beziehe.

In Zusammenarbeit mit prominenten Vertretern der genannten Forschungsbereiche richteten die Autoren den Blick darauf, welche Bedingungen nach heutigem Wissensstand erfüllt sein müssen, damit Leben auf unserer Erde entstehen und sich fortentwickeln konnte. Was in gleicher Weise natürlich auch für die Entstehung von Leben auf anderen Planeten gilt. Alles unter der optimistischen Annahme, dass Leben gleichsam zwangsläufig überall dort entsteht, wo Wasser vorhanden ist und die Temperaturen 40 Grad Celsius nicht dauerhaft übersteigen und nicht dauerhaft unter Null Grad absinken und Wasser in Eis verwandeln.

Die fachübergreifenden Forschungsbemühungen kommen zu dem Ergebnis, dass *mindestens 18 Faktoren präzis zusammenwirken* müssen, um die Entstehung komplexer Lebensformen zu ermöglichen, so wie wir sie auf unser Erde kennen. Zu den wichtigsten dieser Faktoren, **von denen keiner gegen Null tendieren** *darf,* gehören im Einzelnen:

- *Die richtige Art von Galaxie*:
  Nicht zu klein, nicht elliptisch oder unregelmäßig; mit ausreichend Schwermetallen.

- Die Sonne des Planeten muss an *genau der richtigen Stelle der Galaxie* sein:
  Nicht im Zentrum und nicht am Rande, auch nicht im inneren leuchtenden Ring.

- Die *richtige Masse des Planeten*:
  groß genug für einen flüssigen Kern, um Plattentektonik zu ermöglichen und dadurch einen Ozean und eine Atmosphäre dauerhaft zu behalten.

- Die *richtige Masse des Sonnensterns*:
  Lange Lebensdauer und nicht zu viel ultraviolettes Licht.

- Die *richtige Entfernung des Planeten von seiner Sonne*:
  Wasser an der Oberfläche; ein Ozean mit Gezeitenwechsel

- *Stabile, möglichst kreisförmige Umlaufbahnen*:
  Sie sorgen für annähernd gleichbleibende Temperaturen.

- *Das Vorhandensein eines Ozeans*:
  Nicht zu viel und nicht zu wenig Wasser, um Kontinente zu ermöglichen.

- *Plattentektonik* aufgrund eines flüssigen Kerns des Planeten:
  Sie kontrolliert u.a. den klimatischen Thermostat eines Planeten; sorgt für die Entstehung von Kontinenten und eines Magnetfeldes sowie die Bildung von Kohlendioxyd (CO_2).

- Das *Vorhandensein eines Nachbarplaneten von der Größe Jupiters*:
  Er darf nicht zu nahe und nicht zu weit entfernt sein; hält unserem Planeten lebensvernichtende Asteroide und Kometeneinschläge fern.

- Das *Vorhandensein eines großen Mondes*:
  Sofern in der richtgen Entfernung, sorgt er für stabile, 23 Grad nicht überschreitende Ausschläge der Erdachse und lebensfreundliche Temperaturen sowie für einen Wechsel der Jahreszeiten und für eine Artenvielfalt.

- *Wenige Einschläge großer Himmelkörper*:
  Würden durch Klimakatastrophen alles bis dahin vorhandene Leben töten. Vom Großplaneten *Jupiter* gleichsam als „Staubsauger" in unserem Sonnensystem verhindert.

- *Die **Entstehung von Sauerstoff***:
  Hervorgerufen durch die „Erfindung" der *Photosynthese*.
  Nicht zu wenig und nicht zu viel Sauerstoff zum richtigen
  Zeitpunkt.

- Das Vorhandensein einer ***biologischen Evolution***:
  Sie muss ein erfolgreicher Weg hin zu komplexeren Lebensformen sein.

- Die Entstehung einer ***genau richtigen Menge von Kohlenstoff***:
  Ausreichend für das Leben; nicht zu viel, um die Atmosphäre nicht als Treibhausgase ins All entweichen zu lassen.

- ***Richtige Eigenschaften der Atmosphäre***:
  Aufrechterhaltung einer angemessenen Temperatur; die
  richtige Zusammensetzung der Atmosphäre und ihres
  Druckes für ein lebensfreundliches Klima.

In je eigenen Kapiteln erläutern *D. Brownlee* und *P. Ward* die
einzelnen Faktoren mit wissenschaftlicher Gründlichkeit und
mit einer Fülle faszinierender Details. Das Buch hätte eine
Übersetzung ins Deutsche verdient gehabt. Aber mit Science
Fiction können Verlage natürlich sehr viel mehr Geld verdienen als mit wissenschaftlichem Faktenwissen, auch wenn dies
noch so interessant und relevant ist.

Wenistens einer der genannten Faktoren soll nachfolgend
etwas näher betrachtet werden, nämlich unser Nachtgestirn,
der Mond. Warum ausgerechnet der Mond, über den seit
den Apollo-Missionen der Amerikaner in den 1970er Jahren
scheinbar alles gesagt ist? Steht nicht der Mars derzeit vorrangig im Focus des wissenschaftlichen Interesses? Oder die
Landung der Philae-Sonde auf dem Kometen Steins? Auf der

Suche nach der „Urmaterie"? Das stimmt natürlich. Und doch sind die Erkenntnisse über unseren Erdtrabanten Mond um ein Vielfaches relevanter und für unsere Erdgeschichte von ungleichlich größerer Bedeutung.

Jedes Schulkind weiß heute, dass Ebbe und Flut unserer Ozeane durch die Anziehungskraft des Mondes verursacht werden. Aber wer weiß schon, dass es **ohne den Mond gar kein Leben auf der Erde** gäbe, zumindest nicht in so komplexer Form, wie wir es kennen. Welche Erkenntnisse haben die einschlägigen Wissenschaften zu diesem Thema zu Tage gefördert?

Da ist zum Einen das schon länger bekannte Faktum, dass der Mond seit hunderten von Millionnen Jahren durch seine Anziehungskraft den Winkel der Ausschläge der Erdachse konstant hält. Und dies in einem Bereich von **exakt 23 Grad**. Dies garantiert langfristig konstante Oberflächentemperaturen auf unserem Planeten, sofern die Stärke der Sonneneinstrahlung ebenfalls konstant bleibt, was in der Erdgeschichte aus unterschiedlichen Gründen nicht immer der Fall war.

Eine **Abweichung von diesem 23 Grad-Winkel auch nur um einen halben Grad** von der Sonne weg würde einen lebensfeindlichen Erdwinter verursachen; und ein halber Grad zur Sonne hin eine für komplexeres Leben tödliche Hitze im Erdsommer. Jeder Physikstudent kann diese Rechnung mathematisch genau nachvollziehen.

Die Wahrscheinlichkeit, dass ein erdähnlicher Planet irgendwo im Weltall einen so großen Mond (1/3 der Erde) in so geringer Entfernung (385 000 km) und über einen so langen Zeitraum aufweist, halten Astronomen für sehr gering. In mancher Hinsicht ist *der Mond mehr ein Zwilling der Erde als ihr Trabant.*

Hinzu kommt eine ganz *einzigartige, unwahrscheinliche Entstehungsgeschichte* des Mondes, die wir erst seit den Apollo-Missionen der NASA in der 1970er Jahren genauer kennen. Bis dahin rivalisierten zwei Theorien mit einander.

Entweder habe die Erde sich den Mond als Satalliten gleichsam eingefangen. Für das Wie gab es keine Erklärung. Oder aber der Mond sei lediglich eine „Ausstülpung" der Erde, verursacht durch einen großen Meteoriteneinschlag.

Klarheit brachten erst die *Gesteinsproben vom Mond* und die Erforschung des Mondinnern, das trotz der Größe des Trabanten wider Erwarten keinen heißen oder gar flüssigen Kern aufweist. Dies zwang zu einem Umdenken, das zu einer sehr viel komplexeren Entstehungstheorie unseres Nachtgestirns führte.

Dieser Theorie zufolge kollidierte in der Tat *ein Himmelskörper von der Größe des Mars* schon in der Mitte der Erdgeschichte mit unserem Planeten, aber ohne gleich unseren heutigen Mond hervorzubringen. Die durch den ungeheuren Aufprall herausgeschleuderten Erdtrümmer entwichen zu einem Teil ins Weltall. Der durch die Anziehungskraft zurückgehaltene Rest bildete zunächst einen Ring von Gesteinsbrocken rund um die Erde. Durch Kollisionen dieser Trümmer entstand im Verlauf von einigen Zehntausend Jahren unser Gebilde Mond.

Das Phantastische dabei ist, dass *der Aufschlag* des riesigen Planeten *genau an der richtigen Stelle* erfolgen musste, um genügend „Erdsubstanz" freizusetzen, ohne unsere Erde völlig zu zertrümmern. Und überdies *zum richtigen Zeitpunkt* unserer Erdgeschichte. Das heißt, als die in der Entstehung begriffene Erde bereits einen heißen Metallkern, einen Ozean und eine Atmosphere aufwies.

Wäre der Aufschlag zu einem späteren Zeitpunkt erfolgt, dann hätte die größere Masse und Anziehungskraft der Erde verhindert, dass ausreichend Masse herausgeschleudert worden wäre, um einen Mond von der erforderlichen Größe (zur Stabilisierung der Erdachse) zu bilden. Ein „Impact" zu einem früheren Zeitpunkt der Erdgeschichte hätte wegen noch zu geringer Anziehungskraft sämtliche Einschlagstrümmer ins All verschwinden lassen ohne überhaupt einen Mond hervorzubringen. Geschweige denn einen von der „richtigen" Größe.

Überdies vermuten die Wissenschaftler, dass durch die enorme Hitzebildung beim Aufprall des Kometgiganten ein Ozean von glühendem Magma sich über die Erdoberfläche ergoss und hiermit die Voraussetzungen geschaffen wurden für das Phänomen der **Plattentektonik.** Nach neueren Erkenntnissen ist diese ein ganz entscheidender Faktor für die Entstehung von Leben auf der Erde. Sie sorgte nicht nur für die Bildung von Landmassen und Kontinenten und am Ende für die biotische Vielfalt auf unserer Erde: Geschätzte 3 bis 30 Millionen Arten!

Als eine Art **globaler Thermostat** steuerte die Plattentektonik fortan durch die jeweils „richtige" Bereitstellung von Silikatmengen den CO_2-Gehalt der Erdatmosphere und verhinderte somit die Entstehung eines gefährlichen Treibhauseffekts bzw. das Erstarren unseres Erdballs zu „ewigem Eis". Und nicht weniger wichtig ist die Plattentektonik für die **Bildung eines Magnetfeldes**, das uns zusammen mit anderen Faktoren die tödlichen Strahlen der Sonne fernhält.

In Gang gesetzt wurden diese komplizierten Prozesse im Übrigen erst durch den Aufprall des Kometgiganten, wobei sich die flüssigen Metallkerne von Erde und Himmelskörper vereinigten und dadurch ein **brodelnder Magmaüberschuss** unterhalb der Erdkruste entstand. Dieser und die Plattenverschiebung unserer Erdkruste sind noch heute verantwortlich für **die Vulkanausbrüche und Erdbeben an den Randbereichen** der sich untereinander schiebenden Erdplatten. Was uns noch heute immer mal wieder zu schaffen macht und viele Menschenleben in den betroffenen Gebieten kostet, war erdgeschichtlich gesehen eine absolute Notwendigkeit.

Diese fantastischen Befunde in Sachen Mond, denen wir die Entstehung eines lebensfreundlichen Planeten inmitten einer lebensfeindlichen Umgebung verdanken, erinnert stark an das, was wir im Zusammenhang mit dem sog. Urknall gehört haben, jenem Blitz aus Licht und Energie im Milliardstel Bruchteil einer Sekunde: Die **Schaffung einer einzigartigen Architektur des Universums**, der prinzipiell die Voraussetzung der Entstehung von Leben zu verdanken ist.

Bedenkt man ferner, dass noch mehr als ein Dutzend weiterer unverzichtbarer Faktoren passgenau hinzukommen mussten, um auch nur einfachste Lebensformen zu ermöglichen, dann ahnt man, warum die Autoren *Peter Ward* und *Donald Brownlee* ihre wissenschaftliche Veröffentlichung mit dem Titel **„Rare Earth"** (Seltene Erde) versehen haben. Und dass sie davon ausgehen, dass unser Planet Erde nach den Gesetzen der Wahrscheinlichkeit nur wenige Geschwister im gesamten Universum haben dürfte. Vermutlich sogar **ein einsames Unikat** ist.

Die Entstehungsgeschichte unserer am Ende so überreich belebten Erde erinnert stark an das schon erwähnte **„anthropische Prinzip"**, das viele Kosmologen bereits in den Anfängen unseres Universums zu erkennen glauben: präzis auf einander abgestimmte Gesetzmäßigkeiten mit dem offenkundigen Ziel, Leben zu ermöglichen und am Ende uns Menschen auf dem blauen Planeten Erde. Ausgestattet mit der Fähgkeit, den großen Gedanken der Schöpfung noch einmal zu denken und zu bestaunen.

3.

Die Entstehung des Lebens auf unserer Erde

Der Zufall als schöpferisches Prinzip?

Die Frage nach der Entstehung des Lebens stellt die Biologie vor das gleiche Problem wie die Astro-Physiker in der Frage nach der Herkunft der Materie. Mit dem Unterschied, dass Letztere entweder einen großen Bogen um diese Frage machen (Ch. Townes: „They are instinctively opposed to that question"), oder aber in aller Demut bekennen, dass in dieser Frage nicht die Physik, sondern irgendeine Art von Metaphysik zuständig ist. So wie beispielsweise die Väter der grundlegenden physikalischen Theorien, *Albert Einstein* (Relativitätstheorie) und *Max Planck* (Quantentheorie), es zum Ausdruck brachten.

Ganz anders die Biologen. Sie behaupten nicht nur, den Entstehungsprozess der zahlreichen Arten auf unserer Erde genau zu kennen; die meisten von ihnen sind zudem von der Hypothese überzeugt, dass das Leben auf der Erde vor drei bis vier Milliarden Jahren in einer Art *„Ursuppe"* entstanden sein muss. Dieser Hypothese liegt die Annahme zugrunde, dass die Uratmosphäre vor etwa dreieinhalb Milliarden Jahren aus einem Gasgemisch von Methan, Amoniak und Wasserdampf bestand und durch elektrische Entladungen es zur Bildung von Aminosäuren kam. Bei diesen handelt es sich um organische Verbindungen, aus denen Eiweißstoffe zusammengesetzt sind, die ihrerseits die elementaren „Bausteine" von Lebewesen darstellen.

Tatsächlich konnten 1954 Harald Urey und Stanley Miller in aufwendigen Experimenten, *Urey-Miller-Experiment* genannt, die Bildung von Aminosäuren in derartigen Gemischen bei elektrischen Entladungen feststellen. Was aber nur beweist, was die Forscher hypothetisch voraussetzten, nicht aber, dass es tatsächlich so gewesen sein muss. Dennnoch löste das höchste Triumphgefühle bei all jenen aus, welche die materialistische These vertraten, dass das Leben vor Urzeiten aus toter Materie entstanden sein muss. Dass bei diesen vielfach wiederholten Experimenten weder irgend eine Form von Eiweiß entstand noch gar eine lebendige Zelle, störte im Hochgefühl des Erfolges kaum jemanden. Alles weitere, nämlich die Bildung von Eiweißen und schließlich von lebenden Zellen, sei dann im Laufe von Jahrmillionen durch „zufällige Selbstorganisation" der Materie vonstatten gegangen. So die gängige Meinung unter den meisten Biochemikern und Biologen. Das Rätsel der Entstehung des Lebens schien gelöst zu sein.

Bis 1979 **Bruno Vollmert**, damals Direktor des Polymer-Instituts der Universität Karlsruhe, *die Befunde der makromolekularen Forschung* veröffentlichte. Dieser Forschungszweig befasst sich, vereinfacht gesagt, mit der Entstehung von Molekülketten, der sog. Co-Polykondensation. Vollmert lieferte den bis heute nicht widerlegten und widersprochenen Nachweis, dass die für jede Art von Leben erforderlichen langen *Eiweiß-Molekülketten in „Ursuppen" grundsätzlich nicht entstehen können*; dass diese im Gegenteil das denkbar ungeeignetste Medium für die Entstehung von Molekülketten sind. Und zwar deshalb, weil in einem derartigen Stoffgemisch diejenigen Moleküle mit nur einer einzigen Anbindungsstelle in der Überzahl sind und somit Kettenbildungen stets rasch abbrechen. Vergleichbar mit Eisenbahnwagons, die nur an einem

Wagenende eine Ankopplungsvorrichtung haben und die Zusammenstellung langer Züge somit unmöglich machen. Hinzu kommt noch, dass bei der Bildung solcher Kettenmoleküle Wasser entsteht, das die entstandenen Kettenmoleküle bald wieder aufsprengt. „Tatsache ist, wir haben das ‚Rätsel des Lebens' noch nicht annähernd begriffen, geschweige denn gelöst; und je mehr wir darüber wissen, desto undurchsichtiger wird das Ganze", resümiert Reinhard Eichelbeck seine umfassenden Darlegungen zum Problem der Entstehung des Lebens und der Arten. (Reinhard Eichelbeck, *Das Darwin-Komplott*, S. 285.)

Das Wunderwerk DNS

Die nur auf unbeweisbaren Hypothesen beruhende Zufallsgläubigkeit müsste unter anderem auch größte Zweifel hervorrufen, wenn man ein paar wenige Fakten bedenkt, welche die Erforschung der DNA mit Hilfe von Elektronenmikroskopen inzwischen zutage gefördert hat.

Die DNA (engl.= desoxyribo nuclein acid) ist bekanntlich der Informationsträger und Bauplan für alle Lebewesen, vom Einzeller bis zum Menschen. Die Information ist im Chromosomensatz (in Form einer Doppelspirale) im Kern einer jeden Zelle enthalten, wird nie neu gebildet, sondern durch Teilung (Duplizierung) der Zelle weitergegeben. Im Falle des Menschen also die Weitergabe von drei Milliarden Informationen pro geteilter Zelle! Es ist ein wahres Wunder, dass es angesichts der Vielzahl von Zellen und ständigen Zellteilungen im menschlichen Körper vergleichsweise wenig Missbildungen und krankhafte Veränderungen gibt.

Das DNA-Molekül ist im Vergleich zur Länge unvorstellbar dünn: 1 : 1,35 x 10 hoch 9, also 1 : 1.350.000.000 = 1 : 1,35 Milliarden. Ein Modell eines DNA Moleküls von 1 Meter Durchmesser würde 1350 Millionen Kilometer emporragen; das wäre die neunfache Entfernung von der Erde bis zur Sonne oder die 3840fache Entfernung von der Erde bis zum Mond!

Bei der Teilung dreht sich das DNA-Molekül 250 mal pro Sekunde um seine Achse und erreicht dabei eine Kopiergeschwindigkeit von 10.000 „Buchstaben", den unterschiedlichen Abfolgen der Basen Adenin und Thyamin bzw. Guanin und Cytosin. Die Basenfolge des einen Stranges legt dabei automatisch die Folge des anderen fest, weil die „chemischen Buchstaben" nur komplementär vorkommen. (Vgl. W. Gitt, *Schuf Gott durch die Evolution?*, S. 138 f.)

Da die menschliche Zelle nur einen Durchmesser von 110 bis 140 Nanometer (Milliardstel Meter) hat, spielt sich der ganze Vorgang auf unvorstellbar kleinem Raum ab. Möglich ist dies nur deshalb, weil das DNA-Molekül nur einen Durchmesser von 2 Nanometer = 2 Milliardstel Meter hat und sich den Platz mit 20 weiteren kompliziert interaktiven Komponenten innerhalb der Zelle teilen muss.

Und das alles soll entstanden sein durch Zufall und Notwendigkeit, wie die Molekular-Darwinisten (*Eigen, Küpper u.a.*) uns glauben machen wollen! Deren erklärtes Ziel ist es nun mal, die Entstehung des Lebens als einen ausschließlich physikalisch-chemischen Prozess auf molekularer Ebene zu betrachten und das Leben als rein materielles Phänomen darzustellen. (W. Gitt, S. 150.)

Vielleicht sollte man statt vom „Rätsel des Lebens" ohnehin besser vom „Geheimnis des Lebens" sprechen, wodurch zum Ausdruck gebracht wird, dass der menschliche Geist mit den Mitteln von Beobachtung und Experiment in dieser Frage an seine natürlichen Grenzen stößt, genauso wie in der Frage nach der Herkunft der Materie; dass noch immer die alte Erfahrung gilt, die schon die Scholastiker formuliert haben: ***omne vivum solum ex vivo***. Alles Lebendige geht nur aus dem Lebendigen hervor.

4.

Die darwinistische Theorie
über die Entstehung der Arten

Von einer derartigen Selbstbescheidung sind vor allem jene Wissenschaftler noch weit entfernt, die sich mit der Frage nach der Entstehung der Arten befassen und ein eigenes Forschungsgebiet etabliert haben, die Evolutionsbiologie. Deren Ahnherr ist **Charles Darwin** (1809-1882), der in seiner epochemachenden Veröffentlichung „The Origin of Species" (1859) die These seines Landsmannes Arthur R. Walace unterstützte, dass die Vielfalt der Arten auf der Erde durch Mutation und natürliche Auslese sich kontinuierlich herausgebildet hat. Diese als Darwinismus bezeichnete Theorie verdankt ihre vergleichsweise rasche Akzeptanz der **Plausibilität**, mit der sie sich selbst interessierten Laien darzubieten vermag. Der Grundgedanke ist ganz einfach der, dass die schier unübersehbare Fülle von Arten das Ergebnis eines über Jahrmillionen währenden Ausleseprozesses ist, bei dem im allgemeinen Kampf ums Dasein die der Umwelt ungenügend angepassten Exemplare auf der Strecke blieben und jeweils nur die durch erbliche Veränderungen fittesten Mutanten überlebten; mit dem Ergebnis nicht nur neuer Typen, sondern schließlich auch neuer Arten.

Ihren wissenschaftlichen Durchbruch erlebte diese zunächst nur auf Beobachtungen und lückenhaften fossilen Funden beruhende Theorie zu Beginn des 20. Jahrhunderts, nachdem eine kombinierte Theorie aus darwinschem Modell (Selektionsprinzip) und der mendelschen Vererbungsgesetze (Konstanz vererbter Merkmale) entwickelt worden war. Deren Vertreter werden als **Neo-Darwinisten** bezeichnet, die seitdem fieberhaft an der Weiterentwicklung dieser „synthetischen Theorie" arbeiten. Als Ansätze dazu gelten zum einen die Systemtheorie der Evolution (Wechselwirkung vieler Faktoren im Gesamtsystem der Lebewesen) und zum anderen die sog. Frankfurter Evolutionstheorie, welche *alle Lebewesen nur als energiewandelnde hydraulische Maschinen* betrachtet. *Richard Dawkins* vertritt neuerdings die These, dass nicht die Individuen als solche, sondern deren Gene die Einheiten der Selektion darstellen, welche von den jeweiligen Organismen (Phänotypen) zur Zusammenarbeit gezwungen oder erzogen werden.

Wie fantasievoll und reich an Begriffsbildungen – „Mastergene", die mehr als 2000 Funktionen auf einmal übernehmen, der Einfluss „epigenetischer Landschaften" auf die Embryoentwicklung, „Entwicklungskanäle" als massive Beschleuniger von Erbgutveränderungen – wie wohlklingend all diese Hypothesen auch sein mögen: ihnen allen liegt ausgesprochen oder unausgesprochen ein *rein materialistisches Denken* zugrunde, *das letztlich den Zufall zum schöpferischen Prinzip erhebt* und das Walten eines unendlich überlegenen Geistes im Schöpfungsgeschehen leugnet.

Bruno Vollmert, dessen Lehrbuch „Grundriß der Makromolekularen Chemie" in mehrere Sprachen übersetzt wurde, *beschreibt das Dilemma der Evolutionsbiologen* mit folgenden Sätzen: „Die von verschiedenen Forschern auf Darwins Spuren mit viel Fantasie und hohem fachlichen Können ausgearbeiteten und mit großem Aufwand publizierten *Selbstorganisationshypothesen* mögen präzise, eindeutig, wissenschaftlich korrekt, verständlich, logisch konsistent und wegen ihres hohen wissenschaftlichen Niveaus im höchsten Grade bewundernswert sein. *Sie sind außerdem auch noch falsch*. So wie die Aussage, ein neutrales Kohlenstoffatom mit 7 Elektronen genau, eindeutig, wissenschaftlich korrekt, logisch konsistent und falsch ist. Die beiden Aussagen sind deshalb falsch, weil die Voraussetzungen für ihre Realisierung auf unserer Erde, in unserer Welt, nicht gegeben sind." (Bruno Vollmert, *Das Molekül und das Leben. Vom makromolekularen Ursprung des Lebens und der Arten: Was Darwin nicht wissen konnte und die Darwinisten nicht wissen wollen.*)

Vollmert, ein international anerkannter Wissenschaftler auf dem Gebiet der Polymerchemie (Entstehung von Großmolekülen) und Autor eines auch ins Englische übersetzten Standard-Lehrbuchs *(Grundriss der Makromolekularen Chemie, 7. Aufl. 1983)*, weiß, wovon er spricht. Ganz im Sinne des Neo-Darwinismus, der die Molekularbiologie in die Abstammungslehre einbezieht, hat er die Bioevolution im exakt-naturwissenschaftlichen Rahmen als statistische Co-Polykondensation untersucht. Das heißt, die von den Darwinisten behauptete Möglichkeit der Entstehung von Leben und der Arten *durch zufallsstatistische Kettenbildung von Molekülen zur DNS*, dem „Baustoff" allen Lebens vom Einzeller bis hin zum Menschen.

Alle Theorien, Hypothesen und Hilfshypothesen der Darwinisten basieren auf der Annahme einer „Selbstorganisation" der Materie, die durch „Zufall und Notwendigkeit" vonstatten geht, wie der Göttinger Biochemiker und Nobelpreisträger *Manfred Eigen* es ausgedrückt hat. Oder wie der französische Chemiker **Jacques Monod** das „Glaubensbekenntnis" aller materialistischen Naturwissenschaftler es schon vor Jahrzehnten formulierte: „Der reine Zufall, nichts als der Zufall, die blinde Freiheit ist die einzige schöpferische Kraft, die alle Lebewesen und ihre Höherentwicklung verursacht haben."

Auf der Basis jahrzehntelanger Forschung auf dem Gebiet der Makromoleküle und *experimentell absicherter Befunde* hat Vollmert die maximale Wahrscheinlichkeit für das Kettenwachstum eines DNS-Makromoleküls für einen willkürlich angenommenen Evolutionsschritt mit 250 Genen berechnet, sofern die Wachstumsschritte einfach dem Zufall überlassen bleiben. Die Wahrscheinlichkeit beträgt danach etwa 1 zu 10 hoch tausend, das ist eine Zahl mit 1000 Nullen! Dabei muss man zudem noch bedenken, dass diese alle kosmischen Dimensionen sprengende Zahl (im gesamten Universum gibt es nur 10 hoch 85 Atome!) sich nur auf einen sehr kleinen Evolutionsschritt von 250 neuen Genen bezieht; denn die Gesamtzahl der neu entstandenen Gene vom Bakterium zum Säugetier beträgt etwa 30 000 Gene!

Vor dem Hintergrund dieser experimentell gesicherten Berechnungen sowie der Tatsache, dass die angenommene evolutive Selbstmontage von Elementarteilchen abrupt abzureißen pflegt, ist allen Selbstorganisationshypothesen schlichtweg der Boden entzogen; weil sie sich über die Grundgegebenheiten und Gesetze der Chemie hinwegsetzen, wissentlich oder unwissend. „Nur wegen der vorherrschenden *Unkenntnis in Fragen der Entstehung von Makromolekülen* durch Polykondensation konnten diese Hypothesen eine so weite Verbreitung finden." (B. Vollmert, a.a.O., S. 70)

Aber dieser von der Polymerchemie gelieferte Einwand ist nur einer aus einer immer größer werdenden Anzahl von Einwänden gegen eine zufallsgesteuerte Bioevolution. Je mehr wir über die Feinstruktur alles Lebendigen wissen, desto mehr gerät das nur durch Fassadenkosmetik bislang erhaltene Gebäude der darwinistischen Biogenetik ins Wanken.

Interessanterweise stammt **der älteste, kritisch einschränkende Ansatz von Charles Darwin selbst.** „Wenn nachgewiesen werden könne, dass irgendein komplexes Organ existierte, das nicht möglicherweise durch zahlreiche, sukzessive Veränderungen geformt worden wäre, so würde meine Theorie absolut zusammenbrechen." Das sagte er schon 1859 im Zuge der Veröffentlichung seines Buches über die Entstehung der Arten. Auch bekannte er einmal, dass ihn beim Anblick eines Auges „geradezu ein Fieber" befalle. Und das, obgleich er von den unendlich komplexen Befunden der modernen Biowissenschaften und der Neurologie noch gar nichts wusste. Das menschliche Auge steht indess nur stellvertretend für **eine immer größer werdende Zahl von „Stolpersteinen"** (*Wolfgang Kuhn*) für jede sich auf den Zufall gründende evolutive Theorie. Einige davon seien nachfolgend genannt und kurz erläutert.

Der viel erörterte **Fossilbericht** weist nach wie vor **große Lücken** auf: die sog. „missing links", die fehlenden Glieder in der gesamten Entwicklungfolge. Sie deuten auf eine sprunghafte Entwicklung hin, die aber mit Darwins Hypothese von Mutation und Selektion als evolutive Faktoren nach eigenem Bekunden nicht vereinbar sind. Denn eben diese Diskontinuität stellt genau jene „absolute Widerlegung" dar, von der Darwin schon 1859 sprach.

Darwin als Überwinder des Darwinismus? Ein paradox anmutender Gedanke. Aber wenn man einige seiner Äußerungen kennt, doch nicht so abwegig. Von der oben zitierten Aussage abgesehen, äußerte er einmal, dass er sich wie ein Mörder vorkomme. Und von seinem Freunde, dem Herzog von Argyle, wurde Darwin auf seinem Sterbelager gefragt, ob die Entstehung der Arten vielleicht doch nicht auf ein sinnleeres Zufallsgeschehen zurückgehe, sondern die Vielfalt der Arten Ausdruck des Einwirkens eines bewußten Willens sein könnte, sah Darwin seinen Freund durchdringend an und sagte: „Nun, das überkommt mich oft mit übermächtiger Gewalt, aber dann wieder", fügte er, leise den Kopf schüttelnd, hinzu, „dann geht es wieder weg". (Wolfgang Kuhn, *Stolpersteine des Darwinismus*, S. 145) Wenn Darwin gewusst hätte, was die Neo-Darwinisten nicht wissen wollen ...

– Selbst bei Annahme der Richtigkeit der Mutationstheorie können komplizierte Organe, worauf Darwins Einschränkung über die Richtigkeit seiner Thorie sich bezog, nicht entstehen. *„Jede vorläufige Zwischenstufe eines brauchbaren Organs würde im Kampf ums Dasein verschwinden,* da jedes viertel- oder halbfertige Organ die Funktion des vollständigen noch gar nicht erfüllen könnte." (H. Kahle, *Evolution – Irrweg moderner Naturwissenschaften*, S. 32)

– *Nicht einmal die Mutation*, nach *Jacques Monod* die alleinige Schöpferin „jeglicher Neuerung", ist mit naturwissenschaftlichen Methoden **als etwas „rein Zufälliges"** *nachweisbar*. Deshalb bezeichnet Joachim Illies den Zufall, auf dem der Darwinismus letztlich aufbaut, als „unwissenschaftlichen Begriff" (J. Illies, *Die Evolution alles Lebendigen*, S. 50), oder als „Begriff ohne Bedeutung", wie Francis Bacon (1561-1626) als wissenschaftlicher Begründer des Empirismus es bereits tat.

– Auch der zweite wesentliche Kausalfaktor des Darwinismus, *die Selektion*, erweist sich als *eine Tautologie* – eine die Behauptung lediglich wiederholende, keineswegs jedoch bestätigende Aussage. So wird behauptet, dass der Tüchtige überlebt, um dann festzustellen, das der Überlebende tüchtig ist. Das zu Beweisende wird einfach als Faktum vorausgesetzt; als solches bräuchte man es dann gar nicht mehr beweisen. Schon zu Darwins Lebzeiten wurde das von seinen Gegnern erkannt und kritisiert.

– *Zufall mit Zufall addiert ergibt niemals etwas Planvolles*, schon gar nicht etwas von der Komplexität einer lebenden Zelle; sowenig wie die Addition von Blinden einen Sehenden ergibt. Die Anleitung zum „Bauplan" selbst der kleinsten aller Zellen, dem Bakterium, würde 1000 Buchseiten umfassen. Das wiederum versetzt selbst den Urheber der Theorie von „Zufall und Notwendigkeit", Nobelpreisträger Manfred Eigen, ins Staunen.

– *99 % aller bisher bekanntgewordenen Mutationen sind schädlich*, d. h. sie sorgen für Missbildungen des Organismus, nicht aber für irgendwelche Vorteile oder „Verbesserungen", wie die darwinsche Theorie annimmt. Zufallsmutationen können, wie die Biogenetik und die Polymerchemie zeigen, Ordnung nur zerstören, nicht aber aufbauen.

– Das entspricht auch den Erfahrungen in der unbelebten Natur. *Nach dem zweiten Hauptsatz der Thermodynamik* geht in einem sich selbst überlassenen System der Weg der *Veränderungen immer nur abwärts*; von der Ordnung zur Unordnung. Niemals aber in umgekehrter Richtung, wie es bei einer Selbstorganisation der Fall sein müsste.

– Die *moderne Computer-Technik,* die trotz ihrer Kompliziertheit und Leistungsfähigkeit jener eines lebenden

Organismus *um astromnomische Dimensionen unterlegen* ist, führt uns heute erst so richtig vor Augen, wieviel Geist und Know-how für die Entwicklung dieser Technik und ihrer Programme erforderlich ist. Niemand käme auf die Idee, dass ein Computer das Ergebnis mysteriöser Zufälle ist; auch nicht auf der Basis von Jahrmillionen oder Jahrmilliarden.

– Die von den Neodarwinisten ins Gespräch gebrachten sog. „Hyperzyklusmodelle", die das Mutationsprinzip auf molekulare Vorgänge verlagern, scheiden prinzipiell aus. Die Voraussetzungen für derartige molekulare Evolutionen sind aus polymerchemischen Gründen nicht gegeben, wie oben bereits kurz geschildert (Monomer-Problematik!). Vorschnell hatte man vorausgesetzt, „dass der Übergang von Aminosäuren zu Proteinen und jener von Purinen, 5-Ring-Zuckern und Phosphaten zu Nucleinsäuren kein ernsthaftes Problem sein würde" (Vollmert, S. 75), was sich inzwischen als Irrtum herausgestellt hat.

– *Mutation und Selektion* können als eine Art *„Kantenschleifer"* (R. Eichelbeck) lediglich *den Bestand einer Art festigen* und *Typenwandel* bewirken. *Nicht aber neue Arten* von Lebewesen hervorbringen, „weil neue Gene in großer Zahl erforderlich sind, die durch Veränderung (Mutation) von bereits Vorhandenem grundsätzlich nicht entstehen können." (Vollmert S. 125) *Schrittweise Ankoppelung neuer Gene an die DNS-Kette verändert in keiner Weise den Phänotyp* (die Erscheinung) *eines Lebewesens*. Folglich kann auch grundsätzlich keine Selektion stattfinden. In der Tat sind „die sogenannten ´großen Übergänge´, wie die Entstehung neuer Klassen und Stämme (Würmer

– Fische – Amphibien/Reptilien – Säugetiere) oft fälsch-
lich bezeichnet wird (die ‚großen Übergänge'sind geradezu
dadurch charakterisiert, dass es keine Übergangsformen
gibt!), ... alles andere als Optimierungsvorgänge von Vorhandenem. *Ein Fisch ist kein optimierter Wurm, sondern
ein neuartiges Lebewesen*, wie ein Flugzeug kein opti-
miertes Automobil und ein Auto keine optimierte Kutsche
ist, so sehr auch viele Bauelemente der alten sich auch für
die neue Konstruktion verwenden lassen. An erster Stelle
steht der neue Gedanke, die Idee ‚Flugzeug', dann kommt
die konstruktive Detailarbeit, die Konstruktionszeichnung
und schließlich das Fertigungsprogramm (dem DNS-
Molekül entsprechend)." (B. Vollmert, S. 125) So ist *der
Mensch auch kein optimierter Affe*, sondern mit seinen
spezifischen Eigenschaften ein völlig neuer Gedanke.

Die Evolutionslehre scheitert u.a. auch an den *Erfahrungssätzen der Informatik*. Nach deren wissenschaftstheore-
tischen Kriterien gelten folgende Grundannahmen:

1. Es gibt keine Information ohne Code

2. Es gibt keine Information ohne Sender

3. Es gibt keine Information ohne geistige Quelle

4. Es gibt keine Information ohne Wille.

5. Es gibt keine Information ohne hierarchische Ebenen (Sta-
   tistik, Syntax, Semantik, Pragmatik und Apobetik = Ziel-
   vorstellung)

(Näheres dazu in der Veröffentlichung des Informatikers
Werner Gitt, in „Schuf Gott durch Evolution?", S. 77 ff.)

Dies sind, wie gesagt, nur einige der mit fortschreitendem Wissen immer zahlreicher werdenden Einwände gegen die rein materialistische Evolutionstheorie, die der toten Materie eine Fähigkeit zur Selbstorganistion andichtet und den Zufall zum schöpferischen Prinzip erhebt. „Man sollte endlich Schluss machen mit dieser albernen Zufallstheorie" äußerte denn auch schon vor Jahrzehnten der berühmte Biologe Jakob von Uexküll, als von der Eigenart makromolekularen Kettenwachstums (hier im Falle der DNS-Sequenz) und den Erkenntnissen der Informatik noch niemand etwas ahnte. (Zitiert nach W. Kuhn, *Keine Schöpfung ohne Schöpfer*, S. 30) *„Der Zufall weiß nichts, erklärt nichts, kann nichts*. Der Zufall ist nicht kreativ und nicht intelligent. *Der Zufall ist eine verbale Krücke*, eine Ausflucht und Ausrede für diejenigen, die zu feige sind, die Wahrheit zu bekennen, die da lautet: Ich weiß es nicht." (R. Eichelbeck, S. 301)

Oder, mit den Worten Werner Gitts gesagt: „Wenn in der Evolutionslehre nur materielle Ursachen in Betracht gezogen werden dürfen – auch als Quelle der Information – so hat man sich einer weltanschaulichen Voreingenommenheit verpflichtet, die an den Erfahrungssätzen der Informatik scheitert." (W. Gitt, a.a.O., S. 80) Der Kybernetiker *D. M. McKay* hat die materialistische Denkvorstellung mit einem simplen Bild veranschaulicht: „Es ist unmöglich, nach einer Orientierung zu segeln, die wir an den Bug unseres eigenen Schiffes genagelt haben" (zitiert bei W. Gitt, a.a.O., S. 80)

Trotzdem basteln die Neo-Darwinisten weiterhin emsig an immer neuen Hilfshypothesen, um das so plausibel erscheinende *Darwin-Schema* zu retten. Nicht nur werden dabei wissenschaftliche Fakten einfach ignoriert; man schreckt auch nicht davor zurück, alle Kritiker als wissenschaftsfeindliche „Kreationisten" zu diskreditieren und sie auf eine Stufe zu stellen mit fundamentalistischen Sektierern in den USA, die die Bibel wörtlich auslegen und der Menschheitsgeschichte gerade mal 6000 Jahre zugestehen. *Indessen leugnet heute kein vernünftiger Mensch, dass es* eine über Jahrmillionen erfolgte *Evolution in der Tat gegeben hat; aber eben nicht* eine von der Art, *wie sie von Darwin und den Darwinisten interpretiert wird:* als einen Ausleseprozess im Kampf ums Dasein im Zusammenwirken von „Zufall und Notwendigkeit" (Monod, Eigen u. a.).

Inzwischen wissen wir jedoch, dass die über Jahrmillionen auftretenden *neuen Arten,* zu denen auch alle Varianten innerhalb einer Art gehören, *ihr je eigenes, ganz spezielles Gen-Programm und Gen-Profil* haben, das eben nicht durch kontinuierliche Fortentwicklung der einen Art aus der anderen entstehen konnte, wie Darwin und seine Epigonen annahmen. Weshalb eben auch die viel zitierten und vergeblich gesuchten „missing links" nirgends zu finden sind. *„Nicht Artenwandel, sondern* **Typenwandel ist das entscheidende Merkmal der Evolution.** Wie wird aus einer Flosse ein Bein, wie aus einem Bein ein Flügel, wie aus einem Reptilienkreislauf der Kreislauf eines Säugetiers? Wie entstehen die 'genialen Erfindungen der Natur'? Wie entsteht überhaupt Form? Diese Fragen kann das darwinistische Modell nicht befriedigend beantworten." (R. Eichelbeck, S. 312)

Für den inzwischen *zu einer Ideologie erstarrten Dogmatismus der Darwinisten* alter und neuer Prägung gibt es eine simple Erklärung: Auf materialistisch-naturwissenschaftlicher Basis gibt es zum Darwinismus in der Tat *keine Alternative.* Dass er sich in eine Sackgasse verrannt hat, wird aber aus ideologischen Gründen verschwiegen oder geleugnet.

Dabei kann man im „Buch des Lebens" eine beliebige der Abermillionen Seiten aufschlagen: Überall zeigt sich eine überwältigende Fülle von unfassbar erfinderischem Geist, der einen eigentlich vor Staunen und Bewunderung in die Knie zwingen müsste, hätte man uns dieses Staunen nicht schon in der Grundschule angefangen abzugewöhnen, indem man für alle Phänome sofort eine plausible Erklärung parat hat. Der schöpferische Geist hinter allen Dingen, so will es die wissenschaftliche Korrektness offenbar, darf alles und sogar der Zufall sein, nur um Gottes Willen nicht der unendlich überlegene Geist Gottes. Denn das wäre ja ein Abgleiten in den hochmütig verschmähten „Schöpfungsmystizismus."

Der britische Anatom und Anthropologe Sir **Arthur Keith**, ein glühender Verfechter der darwinschen Evolutionstheorie, hat vermutlich für viele seiner Kollegen gesprochen, wenn er sagte: *„Die Evolution ist unbewiesen und unbeweisbar.* Wir glauben nur deswegen an sie, weil wir sonst an eine Schöpfung glauben müßten – und eine solche ist undenkbar."

Wahr ist also nur, was von uns Menschen „denkbar" ist. Ein fürwahr überaus eigenwilliger und anmaßender Wahrheitsbegriff, der für die Naturwissenschaften leider nicht untypisch ist. In dieses Bild des Hochmuts passt es, wenn gewisse Nobelpreis-Biologen sich feiern lassen, als seien sie die genialen Erfinder ihrer vergleichsweise geringfügigen Entdeckungen im unendlich komplexen Ganzen alles Lebendigen. Das nach ihrer Meinung ja „der Zufall, und nichts als der Zufall und die blinde Freiheit" hervorgebracht hat (Jacques Monod). Sie können alles erklären, ohne etwas verstanden zu haben, wie *Hermann Hesse* es einmal etwas spitz, aber treffend formuliert hat.

„Die Zufallstheorie des Lebens", so sagte einmal der angesehene schweizer Physiker und Philosoph *Max Thürkauf*, „ist wohl die offensichtlichste, aber auch die *gefährlichste Verblendung* und intellektuelle Arroganz und Eitelkeit."

Gefährlich ist diese Verblendung deshalb, weil die Zufallstheorie einer materialistisch-mechanistischen Deutung des Lebens Vorschub geleistet und die ethische Dimension im Umgang mit allem Lebendigen an den Rand gedrängt oder ganz außer Kraft gesetzt hat.

Mit der Folge, dass es inzwischen kaum noch zu Protesten kommt gegen hunderttausendfache Abtreibung und die bei jeder künstlichen Befruchtung unvermeidliche Tötung von mehreren befruchteten Eizellen. Obwohl jede einzelne Zygote (befruchtete Eizelle) Informationen enthält, die, in Büchern festgehalten und aneinander gereiht, einer Strecke der fünfhundertfachen Entfernung von der Erde zum Mond entsprechen. Das wird verständlich, wenn man bedenkt, dass das menschliche Erbgut, Genom genannt, aus unvorstellbaren drei Milliarden DNS-Basenpaaren besteht, deren Kombinationsmöglichkeiten fast doppelt so hoch ist wie die Anzahl der Atome des gesamten Universums. Das heißt, die Zahl 10 fünfundachtzig Mal mit sich selbst multipliziert. Und das alles soll entstanden sein durch Zufall und Notwendigkeit, wie die Molekular-Darwinisten (Eigen, Küpper u. a.) uns glauben machen wollen. Da muss ein Zufallsgläubiger schon einiges an Glaubenskraft aufbringen!

C

Was spricht für den
Schöpfungsglauben heute?

1.

Der gescheiterte Versuch
einer materialistischen Universalphilosophie

Um die Mitte des vergangenen Jahrhunderts kündigte der französische Philosoph und Soziologe *Auguste Comte (1898-1957)* in hybrider Fortschrittsgläubigkeit den Anbruch einer neuen Zeit an, in der die großen Fragen der Metaphysik mit den Methoden der positiven Wissenschaften (Maß, Zahl und Experiment) behandelt und beantwortet werden würden. An die Stelle der Metaphysik werde die Physik treten und nur noch das Messbare Anspruch auf Gültigkeit haben. Eine Denk- und Herangehensweise, die als *Positivismus* bezeichnet wird.

Auf der Grundlage der Evolutionstheorie werde sie eine Gesamterklärung alles Wirklichen hervorbringen und sich als *philosophia universalis*, als Universaltheorie zur Erklärung alles Seienden etablieren. Die weder einen Gott noch eine Weltseele oder innere Triebkraft im Sinne der antiken stoischen Philosophie kennt.

Rückblickend erkennen wir, welches erstaunliche Echo dieser Positivismus auch in den Humanwissenschaften fand. Und Spuren selbst in der Theologie hinterließ. Alles Wunderbare in den biblischen Texten versuchte man beschämt auf natürliche Weise zu erklären, weil dem aufgeklärten Menschen nicht mehr zumutbar. Der Bericht über die wunderbare Brotvermehrung wurde von manchen Theologen kurzerhand zum großen „Picknick" umgedeutet. Als hätte der wundersame Vorgang nicht Tausende von Augenzeugen gehabt.

Natürlich wird heute niemand mehr ernsthaft das Faktum bezweifeln, dass lebende Systeme in genialer Weise sich an veränderte Umgebungen anpassen können. Dafür gibt es genügend wissenschaftliche Beweise. Anderseits gibt es *„keinen theoretischen Grund, der erwarten lassen würde, dass evolutionäre Linien mit der Zeit an Komplexität zunehmen und es auch keine Belege dafür gibt, dass dies geschieht"*, wie selbst der überzeugte Anhänger einer umfassenden Evolutionstheorie *John Maynard Smith (1920-2004)* zu bedenken gibt. Womit er redlicherweise nur auf die Gültigkeit des *zweiten Hauptsatzes der Thermodynamik* auch im Bereich des Lebendigen verweist. Diesem zufolge entwickelt sich ein sich selbst überlassenes System ohne Energiezufuhr nicht aufwärts, sondern abwärts. Zufuhr nicht nur von Energie, sondern auch von unendlich weiser und grenzenloser Erfindungskraft mit auf einander abgestimmten Gesetzen und Vorgängen bei der Entwicklung alles Lebendigen bis hin zum Menschen.

Im Letzten geht es darum, „ob die **Evolutionslehre als Universaltheorie** alles Wirklichen auftreten darf, über das hinaus weitere Fragen nach dem Ursprung und Wesen der Dinge nicht mehr zulässig und auch nicht mehr nötig sind; oder ob solche Letztfragen nicht doch den Bereich des naturwissenschaftlichen Forschens überschreiten." (J. Ratzinger, *Gott und die Vernunft*, S. 39 f)

Versteift man sich auf eine materialistische Universaltheorie, die den **Zufall zum schöpferischen Prinzip** erhebt, dann ist die von höchster Vernunft geprägte Wirklichkeit aus dem Vernunftlosen hervorgegangen, das Rationale aus dem Irrationalen. Bedenkt man, was oben beispielsweise über die Entstehung des Universums oder unseres Planeten Erde ausgeführt wurde, dann kann man nur staunen, was die positivistische Theorie ihren Anhängern an Glaubenskraft zumutet. Verglichen damit ist der Glaube an einen allmächtigen Schöpfer, der allem Seienden als das Erstbestehende vorausgeht, ein höchst einsichtiges Postulat der Vernunft; „die auf die Botschaft hört, die aus unserer Existenz und der Welt im Ganzen aufsteigt und die religiöse Erfahrung der Menschheit mit einbezieht." (J. Ratzinger ebd.) Und sich in Demut auf sie einlässt und sich mit ihr befasst.

Fassen wir an dieser Stelle noch einmal zusammen, was gegen den ebenso ambitionierten wie hybriden Versuch spricht, Metaphysik und Religion durch eine **philosophia naturalis**, eine materialistisch-naturwissenschaftliche Universaltheorie zu ersetzen.

1. Die Physik hat keine Antwort auf **die Frage, was vor dem Zeitpunkt t = 0 war.** Also vor dem sog. Urknall vor 13,5 Milliarden Jahren in einem Blitz von Energie und Licht, woran kein Wissenschaftler heute mehr zweifelt. Genauso wie an der Erkenntnis, dass dieses sich mit Lichtgeschwindigkeit ausdehnende Universum in einer berechenbaren Zeit verglüht und verstrahlt sein wird.

2. Genauso wenig kann die Evolutionstheorie die Frage nach der Entstehung des Lebens beantworten. Die sog. *Ursuppen-Theorie* nach Art des Urey-Miller-Expriments ist durch die Erkenntnisse der makromolekularen Forschung widerlegt. Das bedeutet, dass auch die Entstehung des Lebens durch Selbstorganisation, „Praebiotische Evolution" genannt, wissenschaftlich nicht länger haltbar und eine Alternative im Sinne eines geistlosen Materialismus nicht im Entferntesten in Sicht ist.

3. Das *Darwin-Prinzip von Mutation und Selektion* taugt nicht zur Erklärung der Aufwärtsentwicklung des Lebens vom Bakterium bis hin zu den Säugetieren und dem Menschen. Nicht nur, weil es den Zufall zum schöpferischen Prinzip erhebt, sondern weil auch alle Varianten ihr je eigenes Genprogramm und Genprovil aufweisen. Weshalb auch die Suche nach den „missing links", den erforderlichen Zwischenstufen der angenommenen Entwicklung, vergeblich ist. *Nicht Artenwandel, sondern Typenwandel* ist das entscheidende Merkmal der Evolution.

4. Seriöse Entwicklungsbiologie müsste für dieses Faktum eine wissenschaftliche Erklärung finden. Sofern dies prinzipiell möglich ist. Jede Erklärung des Wirklichen muss *ein Ethos sinnvoll und einsichtig begründen* können. Alle Versuche der Evolutionstheorie in dieser Richtung haben nur wenig Tröstliches hervorgebracht. Nach dem Darwin-Prinzip überlebt im Kampf ums Dasein nur der Stärkere und Tüchtigere. Trotz aller beschwichtigenden Versuche – auch im Tierreich gebe es ja Beispiele von Hilfsbereitschaft – ist und bleibt es ein grausames Ethos. „Zu einer Ethik des universalen Friedens, der praktischen Nächstenliebe und

der nötigen Überwindung des Eigenen, die wir brauchen, ist dies alles wenig tauglich." (Benedikt XVI., *Gott und die Vernunft*.)

Unternimmt die Evolutionstherorie wenigstens den Versuch, ein Ethos zu begründen, so bleibt sie in einer anderen Hinsicht eine Antwort ganz schuldig, nämlich im Blick auf die nicht zu leugnende **Schönheit in der Welt**. Die Schönheit der Formen, Farben und Töne. Oder auch der Schönheit, die sich dem forschenden Geist in den Gesetzen des Mikrokosmos und des Makrokosmos, im Kleinsten wie im Größten, darbietet. Hier stößt jede materialistische Theorie prinzipiell an ihre Grenzen. **„Schönheit ist Wahrheit, und Wahrheit ist Schönheit"**, so brachte der große englische Dichter *William Wordsworth* seine Gedanken über die Schönheit in der Natur zum Ausdruck. Die Wahrheit, Liebe und Schönheit, die Gott selber ist, und nie und nimmer das Ergebnis von Zufall und Notwendigkeit. Eigentlich reicht schon ein Blick auf einen unserer bunten Singvögel, um diese Vorstellung Lügen zu strafen.

Der oben bereits erwähnte und international anerkannte Molekularbiologe *Bruno Vollmert* zog am Ende seiner kritischen Auseinandersetzung mit der neo-darwinistischen Theorie (Entstehung des Lebens und der Arten durch zufallsstatistische Polykondensation) folgendes Resümè: „Darüber, ob er sich einer Schöpfungslehre oder einer atheistisch-materialistischen Ideologie anschließen will, muss jeder Mensch selbst befinden. Niemand sollte sich jedoch einreden, diese Entscheidung habe etwas mit Naturwissenschaft zu tun." (Vollmert, *„Natur"*, 11/82)

Was im letzten Jahrhundert den Glaubensabfall in vielen westlichen Ländern stark befördert hat, könnte im 21. Jahrhundert, bei entsprechender Offenheit, die Hinwendung zu einem neuen, vertieften Gottesglauben bewirken: Die inzwischen gewonnenen Erkenntnisse der kosmologischen wie auch der biologischen Forschung. Was vor hundert und mehr Jahren für ausgeschlossen gehalten wurde, nämlich die Vereinbarkeit von Gottesglauben und wissenschaftlichem Weltbild, scheint mit zunehmendem Wissen geradezu ein Postulat zu werden. *Glaube und Vernunft* sind nicht länger ein unvereinbares Gegensatzpaar, sondern *ergänzen einander* in vormals nicht für möglich gehaltener Weise.

Was der deutsche Physiker und Nobelpreisträger *W. Heisenberg* schon vor langer Zeit vorausgesagt hat, nämlich dass ein vertieftes Wissen notwendig zum Glauben hinführt, scheint sich nun zu bestätigen. Heisenberg: „Der erste Schluck aus dem Becher der Naturwissenschaft macht atheistisch; aber auf dem Grund des Bechers wartet Gott." Davon ist auch der Leiter des Human Genome Project, *Francis S. Collins,* überzeugt. Ihm und seinen Kollegen gelang 2003 die vollständige Entschlüsselung des menschlichen Erbguts. Genom genannt, und aus unvorstellbaren *drei Milliarden DNS-Basenpaaren* bestehend, deren Kombinationsmöglichkeiten etwa doppelt so hoch sind wie die Anzahl der Atome des gesamten Universums, d. h. die Zahl 10 fünfundachtzig Mal mit sich selbst multipliziert.

So verwundert es auch nicht, dass *Collins* in seinem Buch mit dem Titel *„Gott und die Gene"* (Gütersloh 2007) sich zu einer ganz anderen Sicht der Dinge bekennt als die materialistischen Evolutionisten. Als Fazit dieses Buches kann man seine Schlussfolgerung in dem Kapitel mit der Überschrift

„Glauben an die Wissenschaft, Glaube an Gott" heranziehen. Darin heißt es: „Die Wissenschaft kann nicht dazu benutzt werden, um eine Diskreditierung der großen monotheistischen Weltreligionen zu rechtfertigen. Sie gründen auf Jahrhunderte Geschichte, Moralphilosophie und überragende Beispiele des menschlichen Altruismus. Es ist der Gipfel wissenschaftlicher Hybris, wenn man etwas anderes behauptet." (a.a.O., S. 139)

„*Vernunft und Glaube*, wissenschaftliche und spirituelle Weltsicht *sind sich ergänzende Naturen*" schreibt er an anderer Stelle (a.a.O., S. 187) Sie geben einander ergänzende Antworten auf die größten Fragen der Menschheit. Der Glaube an Gott als Schöpfer dieser Welt sei kein Abstieg in die Irrationalität. Eher schon sei der Atheismus von allen möglichen Ansichten die am wenigsten rationale. (S. 189) Wissenschaft werde von Gott nicht bedroht, er machte sie möglich. „Auch wenn es ein harter Schlag für den intellektuellen Stolz sein mag, zuzugeben, dass die Wissenschaft nicht alle Fragen beantworten kann. Aber aus diesem Schlag kann man lernen, wenn man ihn erkennt und verarbeitet." (a.a.O., S. 190)

Collins schließt das Schlusskapitel seines Buches mit den Erfahrungen aus seinem eigenen Leben, wenn er den Leser mit einer existenziellen Frage konfrontiert und seine eigene Antwort gleich hinzufügt: „Versetzt diese Diskussion der Spiritualität Sie in Unruhe, weil Sie fühlen, dass, wenn Sie die Möglichkeit Gottes akzeptieren, sich neue Anforderungen für Ihren Lebensplan und Ihr Handeln ergeben könnten? Ich kann diese Reaktion gut nachvollziehen aufgrund meiner eigenen Periode der ‚*mutwilligen Blindheit*', und ich kann bezeugen, dass das Erkennen von Gottes Liebe und Gnade bestärkend ist, nicht einengend. Gott arbeitet an unserer Befreiung, nicht daran, uns einzukerkern." (a.a.O.)

Und trotzdem bleibt wahr, was schon immer galt: Selbst wenn sich Gott auf irgendeine Art schlüssig beweisen ließe, sei es durch den gedanklichen Scharfsinn der scholastischen Philosophen mit ihren 12 verschiedenen Gottesbeweisen oder – wie durch *Bruno Vollmert* oder *Werner Gitt* geschehen – durch den Ausschluss des Zufalls als kreativem Faktor bei der Entstehung und Entwicklung des Lebens: bekennende Atheisten werden dadurch nicht ad hoc zu gläubigen Menschen. Aber eines sollte und könnte es schon bewirken, nämlich zum Nachdenken anregen und die nagenden Zweifel an den Glauben an eine Welt ohne Gott aufrechterhalten und verstärken. Denn auch ein Atheist bleibt innerlich keineswegs von „Glaubenszweifeln" verschont; zumal wenn man bedenkt, welche Zumutungen die Erkenntnisse der heutigen Naturwissenschaften dem Zufallsgläubigen abverlangen. Und immer mehr Naturwissenschaftler, unter dem Eindruck neuer Erkenntnisse, glauben in der Mathematik die Sprache Gottes in der Physik zu erkennen und in der DNS seine Schriftzeichen.

2.

Die Aussagen der heutigen Kosmologie

Wenn die bisherigen Darlegungen irgendwelche Schlüsse nahe legen, dann diese: Ohne die „Hypothese Gott", wie der französische atheistische Mathematiker und Astronom *Laplace* Anfang des 19. Jahrhunderts sich abschätzig ausdrückte, geht inzwischen gar nichts. Weder kann die Physik für sich genommen (d. h. ohne Bezug zur Theologie) Aussagen über den Urheber des unendlich weise erdachten Universums machen; noch kann die Biologie die Entstehung des Lebens und der Arten wissenschftlich schlüssig erklären. Beide Wissenschaften stoßen hier, auf sich gestellt, auf prinzipiell unüberschreitbare Grenzen. Und der Gott der Philosophen, sofern er von diesen überhaupt noch thematisiert wird, verliert sich im Abstrakten.

Was bleibt, sind die Aussagen einer Kosmologie, die in Komplementarität zur Theologie, d. h. sich mit ihr ergänzend, gleichsam durch die Materie hindurch, einen Blick in die Mächtigkeiten und Herrlichkeiten des Universums wirft und dessen Schöpfer ahnen lässst.

Idealerweise eignet sich hierfür jemand, der sowohl Theologe als auch herausragender Physiker und Kosmologe ist. Auf der Suche nach einem solchen „Kosmo-Theologen" stößt man auf den Namen **Bernhard Philberth**, geboren in München 1927 und gestorben 2010 in Melbourne, Australien. Er war u.a. Mitglied der Akademien von Chieti (älteste Akademie der Welt), der Akademie von Besancon und der physikalischen Gesellschaft Japans in Tokio. Zu seinen wissenschaftlichen Leistungen gehören die Entdeckung des „Zeitgradienten" und die Entdeckung des Zusammenhangs der elektromagnetischen Grundgrößen. Er ist Inhaber von mehr als 100 Patenten im Bereich der Kern- und Elektrophysik (u. a. dem *Philbert-Transformator*) und überdies Autor einiger Aufsehen erregender Publikationen zur Nuklearenergie und Kosmologie, d. h. der Lehre von der Entstehung und Vergehung des Universums.

Als einer der führenden Kosmologen seiner Zeit operiert Philbert auf 600 Seiten seines viel gelesenen Buches mit dem Titel *„Der Dreieine"* mit Zahlen und Gleichungen sowohl der klassischen Physik als auch der modernen Relativitätsphysik (Einstein) und der Quantenphysik (Planck). Was nach Aussagen von Kennern und Kritikern nur wenigen Zeitgenossen in dieser Klarheit und Vollständigkeit vergönnt ist.

Etliche Kapitelüberschriften sind mit zwei Sternchen gekennzeichnet, womit gesagt wird, dass die Inhalte nur für Physiker gedacht sind und ebenso wie die vielen mathematischen Formeln ignoriert werden können, ohne den großen Zusammenhang zu verlieren. Gut verständlich ist jedenfalls Philberts methodischer Ansatz: *Die physikalischen Fakten auf ein metaphysisches Sein hin durchsichtig zu machen;* die Struktur des Mikro- und Makrokosmos als grandioses Spiegelbild seines Schöpfers aufscheinen zu lassen. Nach den Erkenntnissen der Relativitäts- und Quantenphysik ist inzwischen unbestritten, dass die physikalische Welt mit den herkömmlichen Gesetzen der klassischen Physik nicht mehr erklärbar und voller Widersprüche ist. Exemplarisch stehen stehen hierfür Erkenntnisse wie der *Welle-Teilchen-Dualismus* des Lichtes, die *Raum-Zeit-Relativität (Einstein),* die *Unbestimmtheitsrelation* (Heisenberg) oder auch der *Gödel'sche Widerspruchssatz.*

Der große Umbruch begann schon 1909, als Albert Einstein – noch bevor er seine revolutionäre Relativitätstheorie vorgelegt hatte – nachwies, dass Wärmestrahlung sowohl aus Wellen als auch aus Teilchen (Korpuskeln) besteht; was nach der klassischen Physik *Newtons* (Teilchentheorie) und *Huygens* (Wellentheorie) einander ausschloss. Und erst durch die von *Max Planck* begründete Quantenphysik eine Erklärung fand: beide Theorien verhalten sich komplementär zu einander, sie ergänzen sich. Sie schließen sich aber logisch aus. Eine Vereinheitlichung ist aber auch heute mit der Quantenphysik nicht möglich. Sie ist prinzipiell nicht möglich. (Philberth, S. 55)

Ähnlich verhält es sich mit der *Heisenberg'schen Unbestimmtheitsrelation,* eine der Fundamentalaussagen der Quantenphysik. Diese besagt, dass einer Materiewelle nie gleichzeitig ein Ort und ein Impuls mit beliebiger Genauigkeit zugeordnet werden kann. Jede Steigerung der Genauigkeit bei der Ortsbestimmung eines Teilchens geht zu Lasten der Genauigkeit der Impulsbestimmung und umgekehrt. Im Gegensatz zur klassischen Physik können beide Angaben nicht mit beliebiger Genauigkeit erfasst werden.

Beispiele wie diese zeigen, dass „die Schöpfung zu mannigfaltig, zu veränderlich und frei ist, um mit den dürftigen Prinzipien der Logik umfassend, einheitlich und unausweichlich festlegbar zu sein; und der Widerspruch ist – allen Versicherungen der Philosophen aller Generationen hohnsprechend – überall in der Welt gegenwärtig". (Philbert, S. 54)

Die heutige Physik trägt diesem Faktum dadurch Rechnung, dass sie in drei einander ergänzenden Forschungsrichtungen arbeitet, die wesensmäßig nicht vollständig mit einander vereinbar sind, aber komplementär d. h. sich ergänzend zusammengehören. Diese drei Komponenten sind:

- die Relativitätsphysik
- die Quantenphysik und
- die Existenzphysik

„Jede dieser drei Grundformen muss die beiden anderen enthalten, wenn sie vollständig sein soll. Jede enthält beide anderen mit in sich, aber in jeweils anderer Weise." (Philberth, S. 139)

Dieser Komplementarität, der gegenseitigen Ergänzung, verdankt die moderne Physik einerseits ihre gewaltigen Möglichkeiten und Erfolge. Anderseits ergibt sich daraus laut Philbert auch „eine beunruhigende Mannigfaltigkeit mit vielen Fehlerquellen." Die klassische Physik Newtons musste zwar abtreten, aber deren Hilfsmittel, die Mathematik, erweist sich auch in der neuen Physik als zuverlässiges Mittel, um deren Grundgrößen zahlenmäßig zu erfassen; z.B. die *Lichtgeschwindigkeit* als Grundgröße der Relativitätsphysik und das *Wirkungsquantum* der Quantenphysik. Beide Größen beherrschen ihrerseits wieder die Existenzphysik. Die *Relativitätsphysik* ist allgemein gesagt die Physik der Größen in ihrem gegenseitigem Bezug. Die *Quantenphysik* erforscht hingegen die Wirkungen und Reaktionen der einzelnen Größen und deren Wechselwirkung aufeinander.

Das Sein und das Nichts im Lichte der Existenzphysik

Die Existenzphysik ist die Physik der Kosmologie, d. h. der Entstehung, Gestaltung und Vergehung des Kosmos mit seinen

Galaxien und Sternen. Unter Einschluss der Physik der Elementarteilchen, in denen sich alles materielle Sein verkörpert. Kosmos und Elemementarteilchen hängen zusammen, und ihre Größen bestimmen sich gegenseitig. Existenzphysik ist also die Physik des ganz Großen (des Makrokosmos) wie auch des ganz Kleinen, des Mikrokosmos. Eine Physik an den Grenzen zwischen dem Sein und dem Nichts. „Obwohl die Existenzphysik an der Grenze der Fassbarkeit entlang geht, ist sie der Gewalt des Daseins unmittelbar nahe und damit doch sehr viel gegenständlicher als ihre beiden Schwestern, die Relativitäts- und Quantenphysik." (Philbert, a.a.O.) Zu welchen Aussagen, konkreten wie hypothetischen, ist die Existenzphysik im Zusammenwirken mit der Relativitätphysik und der Quantenphysik nach heutigem Wissensstand in der Lage?

Über die Entstehung und Gestaltung des Kosmos wurde an anderer Stelle bereits Wesentliches gesagt. In Bezug auf die Vergehung alles Seienden bedarf es hingegen noch einiger Ergänzungen. Dabei stütze ich mich auf die Darlegungen von *Berhard Philberth* in seinem Buch *Der Dreieine*, ohne im Einzelnen jede entnommene Aussage mit Seitenzahl zu belegen, um den Lesefluss nicht zu beeinträchigen.

Alles Existierende, das Sein des Kosmos, ist Durchgang vom Sein in das Nichts. Das Weltall ist vom Nichts begrenzt und von keinem Existierenden erreichbar. Dessen Erreichen würde Vernichtung der Existenz bedeuten. Jedem Geschaffenen ist selbst mit Lichtgeschwindigkeit (Invarianzgeschwindigkeit) nach den Gesetzen der Relativitätsphysik der Rand des Kosmos unerreichbar.

Die in den Massen verkörperten Energien des Weltalls existieren, weil ihnen im Kosmos negative Energien die Waage halten; gleichsam das Sein im Nichts ausbalancieren. In 100 Milliarden Jahren werden alle Sonnen erloschen sein und damit die Vergehensphase des Universums eingeleitet sein. In 10 hoch 50 Jahren (eine Zahl mit 50 Nullen!) wird alle Materie wieder verstrahlt, verrötet sein, wie es in der Fachsprache heißt. An die Stelle von Raum und Zeit tritt die Leere und Kälte des Nichts. Ein Nichts, das wie das Sein, umfangen wird vom Urheber alles Seienden.

In jenem Nichts jenseits aller Räume und Zeiten ist alles nichtig, auch alle Begrenzungen; und das Unendliche wird zu einer unheimlichen Möglichkeit und Tatsächlichkeit.

Nichtig ist die Zahl der Kosmen. Jede noch so große Zahl erschöpft nicht die Zahl der vorhandenen Kosmen.

Nichtig ist auch jeder Abstand, jede Absonderung. Religiös gesagt: jede Gott-Nähe ist vollziehbar, unbegrenzt bis hin zur Vereinigung. **_Darin gründet das Geheimnis der Eucharistie._** Jede Gott-Ferne ist vollziehbar bis hin zur völligen Abschließung. Darin gründet das furchtbare Geheimnis des Bösen.

Nichtig ist ebenso jede Grenze der Eigenart der Kosmen. Zu jeder Art von Wesen, zu jedem Maße an gewollter und vollzogener Absonderung schafft der gesetzgebende Souverän die arteigene Welt. Darin gründet die göttliche Gerechtigkeit, die jeden im Dasein hält nach Art der von ihm vollzogenen Wahl.

Beachtlich ist, dass in diesen Aussagen uraltes „indigenes" Menschheitswissen und kosmologische Aussagen einander ergänzen. Wenn man zudem bedenkt – was nur wenige Eingeweihte wussten – , dass dem großen Gottsucher Philberth die Gnade zuteil wurde, in einer nächtlichen Vision in der australischen Wüste einen Blick über unser Universum hinaus zu werfen; und eine überwältigende Fülle weiterer Kosmen sich seinen Augen darbot. Ein Faktum, das Physiker und Mathematiker aufgrund theoretischer Überlegungen seit längerem als Hypothese vertreten. Etwa in der viel diskutierten *Multiversums-Theorie*, die ohne jeden metaphysischen Hintergedanken entstanden ist. Vertreten von atheistischen ebenso wie gottgläubigen Kosmologen.

Warum auch sollte ein unendlich großer Gott nur ein einziges Universum geschaffen haben? Er, der die absolute Dreiheit von Allmacht, Allwissenheit und Allgegenwart ist und dessen Schöpfung in vieler Hinsicht Spiegelbild seiner Dreifaltigkeit ist. Und dessen allgewaltige Majestät so unaussprechlich ist, dass es noch zu wenig ist, würde man sagen: Nichts ist außer Gott.

Die Personalität Gottes

Natürlich maßt sich Philberth nicht an, das Geheimnis des dreifaltigen Gottes zu erklären. Vorrangig geht es ihm darum, die Personalität Gottes zu verteidigen. Personalität, so der Autor, ist Selbstbewusstsein, und Person ein ich-bewusstes Wesen, das zu einem anderen in Ich-Du-Beziehung treten kann. Person ist damit auch Ansprechbarkeit. Nicht notwendig in Worten. Sie ist Träger allen Lebens, aller Freude, aller Liebe. Zudem ist Person Träger allen Willens, der Wille als die Kraft der Personalität.

In diesem Sinne ist Gott die Person aller Personen, der allgewaltige Wille und die allumfassende Liebe. Wer Gott die Personalität abspricht, macht ihn zu einer bloßen Gesetzmäßigkeit und seine Schöpferkraft zum Mechanismus einer toten Apparatur namens „Welt". ***Gott ist nicht ein kosmisches Prinzip, sondern lebendige Personalität und allgewaltiger Gesetzgeber.***

Der deutsche Philosoph *Arthur Schopenhauer (1788-1860)*, veröffentlichte 1859 die Endfassung seines Hauptwerkes *„Die Welt als Wille und Vorstellung"*, das u.a. Friedrich Nietzsche entscheidend beeinflusste. An der Ich-Du-Beziehung des Menschen als Person kommt auch Schopenhauer nicht vorbei. Aber der Wille ist bei ihm nicht etwa der allgewaltige Schöpferwille Gottes, sondern, in begrifflicher Anlehnung an Kant, so etwas wie „das Ding an sich": Außerhalb von Raum und Zeit liegend, grundlos, ursachlos, ziellos und erkenntnislos. Also eine hochmütige Totalabsage an die Existenz eines personalen Gottes. Wer aber Gott die Personalität abspricht, setzt sich in Widerspruch zu seinem eigenen Person-sein, d. h. er verabsolutiert seinen Geist und seine Person und setzt sie als das Höchste und Absolute an, unter Verneinung der tatsächlichen Absolutheit Gottes.

Philbert sieht die Ursache dieser Ablehnung u.a. darin begründet, dass die Vorstellung von Person stark mit der Vorstellung von Gestalt, Leib oder gar menschlichem Körper verbunden ist. Man wehrt sich zu Recht gegen die Vorstellung von Gott als uraltem Mann mit langem weißem Bart. Nicht umsonst heißt es im 1. Gebot: „Du sollst Dir weder Bild noch Gleichnis von MIR machen." „Gott ist Urperson jenseits aller Gestalten und Gestaltbarkeit. Nur im Bereich des Geschaffenen hat die Verknüpfung von Personalität und Gestalt einen tiefen Grund." (Philberth, a.a.O., S. 95)

Dem personalen Gott, der das schöpfungsmächtige Ich ist, das allem Geschaffenen als Herr gegenübersteht, verdanken wir Menschen unser Personsein. Mehr noch. Gott als die allumfassende Wirklichkeit und allgewaltige Majestät lässt das Geschaffene so unfassbar weitgehend an sich teilnehmen, dass es geschaffenen Mächten möglich ist, das Nichts gegen den Schöpfer selbst zu kehren und über Ihn das Nein zu sprechen. Nur dieser Herr über das Sein und das Nichts ist Stifter jener unerklärlichen Freiheit, kraft derer geschaffenen Mächten die Möglichkeit gegeben ist, Gott anzuerkennen oder zu leugnen, sich in Hochmut als das Erstbestehende zu begreifen und sein zu wollen wie Gott. Die Ursünde geschaffener Wesen und das Geheimnis des Bösen zugleich.

Physik und offenbarte Wahrheit

Das Weltall, so wurde gesagt, ist aus dem Nichts entstanden und wird wieder im Nichts vergehen. Das Sein ist ein Zwischenbereich, ein Durchgang vom Nichts ins Nichts. Vom Nichts oben, dem Anfang, und dem Nichts unten, dem Ende.

Für den Kosmologen stellt sich die Frage, ob das Nichts, welches das All von seinem Anfang her begrenzt, das gleiche Nichts ist wie jenes, welches das All „von unten", auf sein Ende hin begrenzt.

Als Ur-Mythos der Menschheit gibt es die Vorstellung von einem Oben-Unten. Oben als das Erhabene, Gute und Heilige, den Himmel; unten als das Niedere, Elende, Böse, das Verdammte. Am besten bekannt wohl aus der alt-griechischen Mythologie.

Seit Urzeiten verbindet sich dieses räumliche Empfinden also mit einer religiösen Wertung. Erst der Einbruch des physikalischen Denkens hat das an diesen Bildern orientierte Empfinden erschüttert.

Die moderne Existenzphysik lehrt indessen, dass dieses Oben-Unten auch im Kosmos keineswegs aufgehoben ist. *Gerade im Kosmos ist dieses Oben-Unten von fundamentaler Bedeutung,* ja geradezu von seinsgestaltender Macht: als ein Niedriger-Höher im Energieniveau, im Potential verschiedener Zustände kosmischen Seins. *„Die Existenz ist Dasein in Potentialitäten",* ist eine der Grundaussagen der Existenzphysik.

Jedes Potential ist wesenhaft eine negative Größe, eine Größe unter Null. Jedes Elementarteilchen ist in gewaltiger „Verschuldung" gegen das Weltall ins Dasein getreten; und vergeht wieder in der Rückzahlung seiner Verschuldung. Das höchstmögliche Potential ist das geheimnisvolle Potential Null: vor, außerhalb und über allem Sein, jenseits von Raum und Zeit in Allgegenwart und Ewigkeit. Nehmen wir noch die unendliche Weisheit in allem Geschaffenen hinzu, dann gelangen wir auf physikalischem Weg exakt zu jenen Grundeigenschaften, die wir Gott zuschreiben: schöpferische Allmacht, Allgegenwart und Allweisheit.

Die besagten kosmischen Fakten von Oben-Unten, geringerer und höherer Mächtigkeit, von Verschuldung aller existenten Größen gegen das Weltall findet, wie Philberth ausführt, *in der Offenbarung eine überwältigende Parallele* und berührt die tiefsten Wahrheiten der christlichen Verkündigung. Ist das unerlöste Dasein jener fürchterliche „Schuldturm", aus dem niemand herauskommt, bevor er nicht alles auf Heller und Pfennig bezahlt ist, von dem das Gleichnis Jesu Christi spricht? Warum verkündet die biblische Offenbarung das Bestehen einer Erbschuld und die Erlösungsbedürftigkeit hiervon? Warum wählt Christus hierzu in seinem Gleichnis vom unbarmherzigen Knecht einen überaus bedenkenswerten Zahlenvergleich? Die Schuld des Mitknechtes von 100 Denaren gegenüber der Verschuldung des Knechtes an den Herrn, an Gott, mit 10.000 Talenten? „Zufall oder Ungeheuerlichkeit? Dies ist genau das Verhältnis der von einem Menschen in seinem ganzen Leben betätigten Energie zu der Energieverschuldung seines Daseins an das Weltall, gegen die Schöpfung! Also gegen Gott." So Philberth.

Es ist klar: die Erlösung aus dem Schuldturm kann nur von Gott selber kommen. Neben seiner Allmacht, dies zu tun, bedurfte es darüber hinaus offenbar noch der Selbstentäußerung des Gottessohnes bis hin zum Kreuzestod, um allen in Freiheit geschaffenen Wesen ein ewig-ultimatives Zeichen seiner Demut und Liebe zu setzen, damit sie von aller Ich-Verschlossenheit und Selbst-Herrlichkeit, zu der sie neigen, befreit würden. Und damit erst wahrhaft liebes- und gottfähig gemacht würden. Ein Mysterium, das in die letzten Tiefen der christlichen Verkündigung hineinreicht. Und, wie der Theologe Philberth sagt, nur gnadenhaft über die sog. göttlichen Tugenden des Glaubens, der Hoffnung und der Liebe erahnt werden kann.

Des Menschen Zutun zu dieser Erlösung besteht einzig darin, unter Überwindung von Hochmut, Stolz und Selbstherrlichkeit, die vermeint Gottes nicht zu bedürfen und sein eigener Gott sein zu wollen, in bewusster Entscheidung aus freiem Willen diese Erlösung zu wollen und Gott darum zu bitten. So wie es zum Beispiel Jesus im Vater Unser gelehrt hat.

Unerlöstes Dasein ist, so gesehen, der Weg in das „Nichts unten", in *die absolute Gottesferne.* Eine Abgeschlossenheit, die in dem indogermanischen Wort „Hel" zum Ausdruck kommt und im Deutschen zu „Hölle" wurde. Fatima hat uns durch die Seherkinder dessen Existenz in furchtbarer Weise bestätigt, wovon noch an anderer Stelle die Rede sein wird.

Geradezu unheimlich präzise ist **der Kosmos ein Abbild der letzten Wahrheiten der Offenbarung.** Das kosmische Sein ist tatsächlich dem Menschsein ähnlich, und die theologische Verbindung der Erlösung durch den Sohn Gottes mit dem Kosmos als Ganzem offenkundig mehr als überzogene Spekulation.

Da drängt sich schon die Frage auf, welcher Teufel uns eigentlich reitet, dass wir Heutigen die offenbarten Wahrheiten der Bibel so wenig ernst nehmen und uns in Hochmut über sie erheben. Offenbar haben wir beschlossen, wie der große Religionsphilosoph *Kardinal Newman* schon vor langer Zeit einmal sagte, den Allmächtigen zu prüfen und in Ruhe abzuwarten, ob Beweise für die Tatsächlichkeit von Offenbarung zu uns in Haus kämen, als wären wir in der Position von Schiedsrichtern und nicht von Bedürftigen. „Aber der Mensch", so Papst Benedikt, „der sich zum Herrn der Wahrheit macht, täuscht sich. Dem Selbstherrlichen entzieht sie sich, und nur dem öffnet sie sich, der sich ihr in der Haltung der Ehrfurcht, der verehrenden Liebe naht." (Benedikt XVI., *Auf Christus schauen,* S. 25)

Eines können wir heute mit Sicherheit sagen: *die Berufung auf die moderne Physik erlaubt es uns nicht mehr, eine rein materialistische Position zu beziehen* und die Möglichkeit der Existenz einer unsterblichen Geist-Seele zu leugnen, die allerdings der Erlösung durch ihren Schöpfer bedarf, um dem „Nichts Unten" zu entrinnen. Oder aber dem „Tode nach dem

Tod" zu verfallen, von dem die Bibel spricht. Übrigens eine Sichtweise, die in unterschiedlichen Bildern und Begriffen allen Religionen dieser Erde eigen ist.

Die Physik als Korrektiv für die Theologie

Physik und Offenbarung machen einander einsichtig, nachvollziehbar. Für den, der sich in Demut darum bemüht. Sie ist aber noch in anderer Hinsicht gefordert, heute mehr denn je: dem logischen Apparat der Theologie – und nicht nur dieser – seine Grenzen aufzuzeigen.

Wenige Monate vor seinem Tod, im Jahre 1543, ließ *Nikolaus Kopernikus (1473-1543)* sich überreden, sein lange zurückgehaltenes Werk „Über die Umschwünge der himmlischen Kreise" in lateinischer Sprache und mit einer Widmung an Papst Paul III. in Nürnberg zu veröffentlichen. Er beschrieb darin, mehr naturphilosophisch als mathematisch exakt, ein Modell, dem zufolge sich die Erde und alle übrigen Planeten um die Sonne bewegen und die Erde sich um ihre eigene Achse dreht.

Entgegen der landläufigen Meinung erregte das Buch bei den Gelehrten seiner Zeit wenig Aufsehen. Der Nürnberger Reformator *Andreas Osiander* glaubte zwar, ein Vorwort hinzufügen zu müssen, in dem er eigenmächtig und anonym das neue Weltbild als bloßes Mittel zur Berechnung der Planetenbahnen darstellte und damit entstellte. Von Luther ist der Ausspruch bekannt: „Der Narr will mir die ganze Kunst Astrologia umkehren." Womit er, anders als erwartet, allerdings Recht behalten sollte. Denn das Werk wurde zu einem Meilenstein der neuzeitlichen Astronomie und zu einem Musterbeispiel einer wissenschaftlichen Umwälzung, *Kopernikanische Wende* genannt.

Noch im 20. Jahrhundert zählte der selbstgefällige Atheist *Sigmund Freud* das neue heliozentrische Weltbild zusammen mit Darwins Evolutionstheorie sowie seine eigenen psychoanalytischen Erkenntnisse zu den drei großen Kränkungen des westlichen Menschen und als Meilensteine hin zu einer atheistischen Weltanschauung. Da Freud schon 1938 starb, konnte er nicht wissen, welche wahrhaft revolutionären Erkenntnisse die Relativitätstheorie *Albert Einsteins* mit sich bringen würde.

Die Relativitätsphysik lehrt uns zum einen, dass jede Galaxie, *jedes Existierende für sich im Mittelpunkt des Kosmos ist*. „Es ist eine Ureigenheit allen Seins: *Jeder ist in seinem Ich Mitte.*" (Philberth, S. 326) Für uns, die wir in einfachen Raum-Zeit-Kategorien zu denken gewohnt sind – nach Kant neben dem moralischen Vermögen uns Menschen *apriori*, d. h. nicht durch Erfahrung, sondern von Geburt aus eingestiftet – nur ein sehr schwer nachvollziehbares Faktum. Genauso wie eine weitere, aus der allgemeinen Relativitätstheorie sich ergebende Ureigentümlichkeit alles Seienden: *Keinem Geschaffenen ist die Grenze des Seins erreichbar*, selbst wenn es mit annähernd Lichtgeschwindigkeit sich bewegen würde. Es würde dann fast ohne Alterung extrem große Strecken zurücklegen. „Der Grenze des Weltalls in Rand und Ursprung kämen wir trotzdem nicht näher. Die Galaxien, die wir auf dieser Reise erreichen, würden wir sogar in noch weiter vertieftem Raum und in noch weiter fortgeschrittener Zeit antreffen ... Nie läuft man gegen den Anfang; mit jeder Geschwindigkeit läuft man immer gegen das Ende." (a.a.O., S. 327)

Diese Beispiele zeigen, dass die Schöpfung viel zu frei, zu veränderlich und mannigfaltig ist, um mit den vergleichsweise dürftigen Prinzipien der Logik umfassend und einheitlich-widerspruchsfrei festlegbar zu sein. *„Der Widerspruch ist überall in der Welt gegenwärtig"*, sagt Philbert. (a.a.O., S. 54)

Die Physik, die geistige Ordnungen höherer Art sichtbar werden lässt als den logischen Apparat, ist somit berufen, allen Wissenschaften, sofern diese den logischen Apparat verabsolutieren, ihre Grenzen aufzuzeigen. Auch und gerade der Theologie. In der modernen Bibelexegese ist eine deutliche Tendenz festzustellen, ihre Methodik einzig dem logischen Apparat zu unterwerfen. „In der hierarchischen Ordnung der Seinsmächtigkeiten hat auch die Logik mit ihren Denkgesetzen und Denknotwendigkeiten ihren Rang. Aber nichts als philosophisches Vermeinen sichert dieser ihren Vorrang." (a.a.O., S. 56) „In der Erhebung ihrer Denkschemen vom Hilfsmittel zur Grundlage verehrt die Theologie in erschreckender Hybris sich selbst. In der Anbetung des Schemas wird sie selbst Schema." So das Diktum des Physikers und Theologen Philberth. (a.a.O., S. 43)

Um dies mit einem Beispiel zu veranschaulichen, sei eine Aussage des zu seiner Zeit überaus einflussreichen evangelischen Theologen *Rudolf Bultmann* (gest. 1976) zitiert, die da lautet: „Ich kann nicht gleichzeitig einen elektrischen Schalter benutzen und an die Himmelfahrt Jesu Christi glauben." In diesem Geiste machten er und viele andere Theologen sich daran, biblisch bezeugte Berichte von Augenzeugen, die sich mit der menschlichen Vernunft nicht erklären ließen, zu „entmythologisieren", wie es hieß. Damit fielen aber zentrale christliche Glaubensinhalte der Hybris des logischen Apparates zum Opfer. Mit den bekannten Folgen.

Ganz anders hört sich da eine Aussage des Kosmo-Theologen *Bernhard Philberth* an: *„Können wir erwarten, dass Gott sich mit Denkoperationen umfassen lässt, die sich nicht einmal die Lichtquanten bieten lassen?"* Die in logisch prinzipiell unvereinbarer Weise einmal als Wellen und ein andermal als Körper in Erscheinung treten. Diese und viele andere Erkenntnisse der Relativitäts-und Quantenphysik sollten uns eigentlich davor bewahren, den logischen Apparat zu verabsolutieren und seine Grenzen mit der uns Menschen gebührenden Demut anzuerkennen.

Physik und Offenbarung, die Pole unseres Geisteslebens, können einander durchaus einsichtig machen. So ist tatsächlich *das Leben der Geist-Seele und ihre Beziehung zum Körperlichen ein unmittelbares Abbild des Welle-Körper-Dualismus und der Materie.* Durch die moderne Physik können uralte Wahrheiten der Theologie wieder neu erstehen, als Spiegelbild und Abglanz der göttlichen Schöpfung. Und damit die lange verschmähte Metaphysik von einer ganz anderen Seite her wieder lebendig werden.

D

Das Gottesbild des Christentums

1.

Der Gott der Offenbarung

Wie oben schon ausführlich dargelegt, weist eine unendliche Fülle von Fakten darauf hin, dass der Zufall als Schöpfer dieser Welt ausscheidet. Zeit plus Zufall schafft weder ein Universum noch Leben. Der Atheismus als Alternative zum Glauben an einen Schöpfer ist eine Erfindung der westlichen Moderne. Nicht zuletzt als Folge einer falschen Rede von Gott. Vor die Wahl gestellt: Freiheit oder Allmacht, entschied sie sich für die Freiheit und gegen Gott. Entgegen allen Einsprüchen von Herz und Verstand.

Indessen, woher wollen wir wissen, dass Gott als Urheber alles Seienden wirklich gut ist. Angesichts der nicht zu leugnenden Tatsache, dass dem Sein auch das Böse innewohnt. Die Religionsgeschichte ist voll von Beispielen, die zeigen, dass Menschen durch Sühneopfer glaubten, sich der Bestrafung durch irgendwelche erzürnten Götter entziehen zu können. Einer der makabersten Belege hierfür ist aus der Religion der Inkas bekannt. In Notzeiten (z. B. Dürre, Missernten) pflegten sie auf Anordnung ihres Herrschers täglich bis zu zwanzig junge Männer zu opfern: Bei lebendigem Leibe wurde ihnen das Herz entnommen und einem Gott geopfert.

Und selbst im Alten Testament ist in einigen Geschichten der eifernde, zürnende Gott durchaus noch präsent, der den Sünder straft und züchtigt, um ihn auf den Weg des Heils zurückzuführen. Ganz zu schweigen von der Höllenangst, die einst christliche Prediger, in falscher Gottesrede, unter den Gläubigen verbreiteten, um sie an der kurzen Leine auf dem Pfad der Tugend zu erhalten. In guter Absicht, möchte man ihnen zugute halten.

Die Fähigkeiten des Menschen, so sagten wir, ermöglichen ihm, das Dasein eines persönlichen Gottes zu erkennen. Judentum und Christentum gehen aber noch einen entscheidenden Schritt weiter. Damit der Mensch in eine Beziehung der Vertrautheit mit Gott eintreten könne, wollte dieser sich dem Menschen offenbaren und ihm die Gnade geben, diese Offenbarung im Glauben annehmen zu können.

Auch wenn in unseren Breiten das Wissen davon schwindet oder von Unglauben begleitet ist: „Als die Zeit erfüllt war", wie es im Evangelium heißt, hat *Gott selbst* in unüberbietbarer Weise seine Antwort auf unser Fragen gegeben: durch die Menschwerdung seines Sohnes in Jesus Christus. Indem er ihn die frohe Botschaft verkünden ließ, dass Gott der liebende Vater aller Menschen ist und ihnen die Gnade gewährt, ihn zu lieben und als „abbba", d. h. Vater (eigentlich „Papa"!) anzureden. Das Gebet, das Jesus seine Jünger lehrte, beginnt denn auch mit den Worten „Vater unser, der du bist im Himmel …".

Ein Quantensprung in der Religions- und Weltgeschichte, wie auch jene Historiker und informierten Zeitgenossen zugeben, die die Botschaft zwar hören, aber nicht an sie glauben können. Nicht zufällig orientiert sich die moderne Zeitrechnung an der Geburt Christi. Ganze drei Jahre öffentlichen Wirkens Jesu genügten, um der Geschichte der Menschheit unauslöschlich seinen Stempel aufzudrücken. In segensreicher Weise überall dort, wo die Menschen in wahrhaft christlicher Gesinnung sich an die Lehre und das Vorbild Jesu Christi hielten. Viele, sehr viele taten es, und nicht nur die Heiligen; aber – wenn man sich den bisherigen Geschichtsverlauf vor Augen hält – bei weitem nicht genügend. Bis zu einem verwirklichten Christentum ist es noch ein weiter Weg. Möglicherweise sogar der einzige, der die Menschheit vor dem Abgrund bewahren kann, indem sie Jesu Gebot der Nächsten- und Feindesliebe ernsthaft in den Focus ihres Handelns rückt.

2.

Jesus Christus, wahrer Mensch und wahrer Gott?

Egal wie man zur Person Jesu Christi stehen mag, fest steht, dass er die mit Abstand am meisten zitierte, interpretierte, hinterfragte und zerpflückte Person der gesamten Weltgeschichte ist. Die Zahl der Publikationen über ihn in den verschiedensten Wissenschaften ist kaum mehr überschaubar.

Wer war nun Jesus Christus wirklich? Diese Frage ist so alt wie das Christentum selbst. Und jede Generation stellt sich diese Frage neu. Die im 19. Jahrhundert aufgekommene kritische Bibelauslegung ließ nicht viel übrig von dem Glauben der Väter an den Wunder wirkenden Gottessohn, der in die Welt kam, um die Menschen von ihren Sünden zu befreien, damit sie das ewige Leben haben.

Die Aussagen und Berichte im Neuen Testament sind eigentlich eindeutig. Jesus selbst bezeugte seine göttliche Natur in einer Weise, wie kein Prophet und Mensch es je getan hat und durch Wunder bekräftigte. Erinnern wir uns an Worte wie diese:

– „Ich bin der Weg, die Wahrheit und das Leben. Wer an mich glaubt, wird leben in Ewigkeit." (Mk, 1,9-11)

– Auf Jesu Frage hin „Ihr aber, für wen haltet ihr mich?" bekennt Petrus: „Du bist der Messias, der Sohn des lebendigen Gottes." (Mk, 16,16)

– Und an Philippus gewandt sagte er: „Wie kannst Du sagen: ‚Herr, zeige uns den Vater'. Wer mich sieht, sieht den Vater."

Schon bei seiner Taufe im Jordan durch Johannes („Ich bin nicht würdig, ihm die Schuhriemen zu lösen") erscholl aus einer Wolke am Himmel der Ruf: „Dies ist mein geliebter Sohn. Ihm sollt ihr folgen."

Am Abend vor seinem Leiden brach Jesus in einer Mysteriumshandlung das Brot und sagte: Das ist mein Leib, der für euch hingegeben wird. Und seinen Jüngern den Kelch reichend die Worte: Das ist mein Blut, das für euch vergossen wird. Tuet dies zu meinem Gedenken.

Wer mein Fleisch isst und mein Blut trinkt, wird leben in Ewigkeit.

Wie sonst niemand spricht Jesus von Gott immer auf direkte und intime Weise. In allem, was er sagte und tat, ist er eins mit dem Vater. Selbst in der Stunde seines Leidens und Sterbens (das er seinen Jüngern vorhergesagt hatte!) : „Vater, nicht mein Wille geschehe, sondern der Deine." Und seine letzten Worte am Kreuze waren: „Vater, in Deine Hände lege ich meinen Geist."

Die ultimative Bestätigung seiner Gottessohnschaft erfuhr Jesus schließlich durch seine Auferstehung von den Toten, die er seinen Jüngern vorhergesagt hatte. Danach ist er 40 Tage lang mit verklärtem Leibe und zu verschiedenen Anlässen seinen Jüngern erschienen. Gemäß Paulus, dem er selbst vor Damaskus begegnet war und aus dem Verfolger Saulus einen Paulus machte, einmal sogar „500 Brüdern und Schwestern, von denen viele noch leben."

Hinzu kommen die vielen Wunder, die Jesus wirkte: Von Krankenheilungen bis hin zu Totenerweckungen (Lazarus, Jüngling von Naim) und nicht zuletzt die Sündenvergebung verweisen auf seine göttliche Vollmacht. Von keinem Menschen oder Propheten vor ihm und nach ihm ist auch nur annähernd Vergleichbares überliefert.

Bei seinem Abschied von der Erde, Christi Himmelfahrt genannt, kündigte er seinen Jüngern die Sendung des Heiligen Geistes an: Aus den verängstigten und mutlos im Abendmahlssaal um Maria versammelten Jüngern wurden – 50 Tage nach seiner Auferstehung – durch die von Jesus zugesagte Sendung des Heiligen Geistes furchtlose und zum Martyrium bereite Verkünder der Frohbotschaft von der Auferstehung Jesu und seinen Worten und Wundertaten auf Erden. Jetzt erst fanden sie die Kraft, Jesu Sendungsauftrag zu erfüllen: „Gehet hinaus in alle Welt und lehret alle Völker und taufet sie im Namen des Vaters und des Sohnes und des Heiligen Geistes."

Zurecht gehört Pfingsten, der Tag der „Ausschüttung" des Heiligen Geistes, zu den Hochfesten der Kirche Jesu Christi, die an diesem Tage gleichsam ihren Geburtstag feiert.

Dennoch ist für viele der modernen Schriftgelehrten an der Schwelle zur Moderne dieser Jesus allenfalls der beste aller Menschen (*Friedrich Nietzsche*: „Er war der einzige Christ") oder ein genialer Sozialreformer der Antike gewesen, der aber nicht am Kreuz gestorben sei und somit auch nicht auferstanden sein konnte. So sieht es auch der Islam und lässt Jesus irgendwo im Nahen Osten untertauchen.

Mit dem Anspruch der Wissenschaftlichkeit haben uns die Theologen seit langem zu verstehen gegeben, dass die Texte des Neuen Testaments in Teilen nichts anderes als fromme Erzählungen, Legenden oder Mythen seien. „Dass man, um es knapp zu sagen, bei der Frage auch nach dem historischen Jesus (Anm.: im Unterschied zum Christus des Glaubens) zuerst einmal den Evangelien, der Apostelgeschichte und den Briefen so sehr gar nicht trauen darf; denn sie sind vergleichsweise spät entstanden, belastet von der Absicht der Verfasser und ihren Gemeinden. ... Ein Grundmisstrauen also, statt wie man in den Altertumswissenschaften gegenüber den Quellen anwenden würde – ein Grundvertrauen." (C. P. Thiede, *Der historische Jesus*, 2007, S. 147)

Es sei völlig legitim, so führt der Historiker und Archäologe Thiede weiter aus, bei den Geschichts- und Altertumswissenschaften den Texten als Ausgangspunkt zu trauen und sie als Primärquelle zum Maßstab für das zu nehmen, was uns die Erkenntnisse anderer Wissenschaftsdisziplinen zusätzlich sagen können. In jedem Falle sind, wenn es um die historische Jesus-Forschung gehe, *die Altertumswissenschaftler keineswegs Außenseiter neben den Theologen, sondern die erste Adresse als kompetente Verwerter von Quellen*, seien es literarische, Papyri oder auch archäologische Zeugnisse. Der Historiker erkenne dabei durchaus an, dass der Jesus der Geschichte nur eine Seite der Münze ist. Die andere ist der Christus des Glaubens. Die Trennung der beiden sei aber willkürlich und künstlich. „Langsam, sehr langsam, lernen wir wieder, dass es notwendig ist, zur Einheit dieser Münze zurückzukehren." (C. P. Thiede. S. 171)

Als Historiker, so fährt Thiede fort, dürfe man sagen, dass es in der gesamten antiken Literaturgeschichte keinen historischen Text gab, der wertfrei war. Man schickte im Gegenteil sogar voraus, warum man schrieb, was die Absicht war. „Das heißt, darin, dass die Texte (Anm.: des Neuen Testaments) eine Absicht haben, nämlich den auferstandenen und erhöhten Jesus zu verkünden, liegt **keine Einschränkung ihres Geschichtswertes**. Das müssen wir begreifen." (a.a.O., S. 172)

Anderseits müsse der Historiker in Demut vor den Texten bekennen, das wir heute sehr viel weniger wissen und wissen können als die Menschen damals. ***Nirgendwo in den antiken Quellen werden die Wunder Jesu angezweifelt.*** Statt dessen wird Jesus unterstellt, er habe in Ägypten sozusagen das Zauberhandwerk erlernt. Das zeigt, wie aussichtslos es angesichts der vielen Augenzeugen war, die Wunder als Fakten zu leugnen.

Tatsächlich schwingt inzwischen das Pendel auch wieder in die andere Richtung, unter dem Eindruck dessen, was die Archäologen in den vergangenen Jahrzehnten bei Grabungen an den Stätten des Alten und des Neue Testaments an neuen Erkenntnissen gewonnen haben.

Der Historiker *Michael Hesemann*, der vor Ort die neuesten Forschungsergebnisse erkundet und in einem Buch niedergeschrieben hat *(Jesus von Nazareth*, Augsburg 2009), befasst sich unter anderem mit theologischen Veröffentlichungen über die Zeit der Entstehung der Evangelien. Das früheste Evangelium, das des Markus, könne nicht vor der Zerstörung Jerusalems im Jahre 70 n. Chr. entstanden sein, so heißt es. Also erst nach dem Tod der Augenzeugen, in irgendwelchen Gemeinden. Ohne dass auch nur ein einziger Autor genannt werden kann!

Dem widersprechen eindrucksvoll die archäologischen Entdeckungen, die bezeugen, wie akkurat und detailliert die Ortskenntnisse der Evangelien sind. In einem Maße, das nur den Schluss zulässt, dass hier Augenzeugen die Feder führten, also deutlich noch vor der Zerstörung Jerusalems im Jahre 70 n. Chr. und der Zerstreuung der Juden in alle Welt.

Die Datierung von Texten, so Hesemann, aufgrund archäologischer Befunde sei nicht nur legitim, sondern könne auch einen viel höheren Anspruch auf Wissenschaftlichkeit erheben als die bisweilen verabsolutierte Formgeschichte. Diese gilt inzwischen als überholt, weil sie von bestimmten spekulativen Prämissen ausgeht und die archäologischen Fakten überhaupt nicht berücksichtigt.

Hesemann nennt ein überzeugendes Beispiel: Wenn man mit dem Johannes-Evangelium durch Jerusalem oder mit dem Markus-Evangelium durch Kafarnaum geht, bekomme man ein Gefühl davon, dass die Evangelisten diesen Ort so genau gekannt haben, dass die kleinsten Redewendungen auf einmal einen Sinn ergeben. Die Lage der Synagoge, das Haus der Schwiegermutter des Hl. Petrus beispielsweise sind so genau geschildert, dass auf einmal die Ruinen wieder lebendig werden. So konnten nur Augenzeugen schildern, so könne niemand aus irgendeiner Gemeindetradition aus der Phantasie heraus das beschreiben. (Michael Hesemann in einem Interview für die deutschsprachigen Sender von „Kirche in Not", Dez. 2011)

Mit besonderem Nachdruck wendet sich Hesemann gegen die gelegentlich geäußerte Auffassung, dass die Anhänger Jesu sein Scheitern durch die Auferstehungsbotschaft nachträglich als Sieg darstellen wollten. Wie könne man von einem Scheitern sprechen, wenn nach dem Tode Jesu seine Auferstehung folgte. Die Auferstehung ist als historisches Faktum anzusehen. Die vielen in der Schrift genannten Augenzeugen wussten, dass es kein Betrug war, weil sie dem Auferstandenen leibhaft begegnet sind. Dieses Erleben, wen wundert es, veränderte die Menschen von Grund auf. Man denke nur an Paulus, was er alles auf sich nahm im Zuge seiner Missionsreisen, einschließlich des Martyriums in Rom. Alles dank des inneren Feuers, das die Begegnung mit dem Herrn vor den Toren von Damaskus in ihm entfacht hatte. Wo er doch eigentlich ausgezogen war, um die dortigen Judenchristen zu bekämpfen!

Ohne die erfahrene und bezeugte Auferstehung hätte die Jesus-Bewegung keine Chance gehabt. Die beteiligten Menschen hätten gar nicht die innere Kraft gehabt, selbst Tod und Martyrium auf sich zu nehmen, um das Evangelium zu verbreiten. Hatten sie doch selber erlebt: Es gibt keinen Tod. Ihre starke innere Kraft und Überzeugung kann man eben nicht erklären mit einem Scheitern und damit, dass ein paar Verzweifelte, die drei Jahre ihres Lebens scheinbar einem falschen Guru hinterher gelaufen waren, dann auf einmal etwas Großes daraus machen wollten. Es erklärt sich nur dadurch, dass diese Menschen wirklich etwas erlebt hatten, das sie auf alles vorbereitet und so gestärkt hatte, dass sie das Unmögliche möglich machten: Die Verbreitung des Evangeliums, von einem kleinen Königreich Judäa aus, von Spanien bis Indien und von Gallien bis Äthiopien.

Die große Heilssehnsucht der Menschen dieser Zeit kam ihnen zweifellos entgegen. Aber in erster Linie war es die unerhörte Botschaft des Evangeliums: Gott ist der liebende Vater aller Menschen, Jesus sein eingeborener Sohn und Erlöser der Menschheit, beglaubigt durch die Auferstehung von den Toten und die von Jesus am Ende seines Erdenlebens zugesagte Herabkunft des Heiligen Geistes auf seine Jünger. Erst das Pfingstereignis befähigte Jesu Jünger und die ersten Christen, selbst um den Preis des Martyriums, das Evangelium, in der Übersetzung als Frohbotschaft bezeichnet, zu verbreiten. Fast alle Apostel und die ersten Päpste (Bischöfe von Rom) bezahlten ihren Glauben mit der Tod am Kreuze. Petrus verlangte sogar, mit dem Kopf nach unten gekreuzigt zu werden, damit man seinen Tod nicht mit Jesu Opfertod vergleichen könne.

3.

Jesu Leiden, Tod und Auferstehung als historisches Faktum

Für Christen aller Konfessionen sind Leiden, Tod und Auferstehung Jesu fester Bestandteil ihres Glaubensbekenntnisses. Bevor wir die entsprechenden Glaubenssätze etwas näher bedenken, seien an dieser Stelle noch einmal die Kernaussagen der bisherigen Darlegungen zusammengefasst:

Dass Gott *ist,* als Urgrund allen Seins, kann nach den Worten von Augustinus „nur derjenige leugnen, dem etwas daran liegt, dass es keinen gibt". Der Zufall als Schöpfer dieser Welt und des Lebens scheidet mit mathematischer Sicherheit aus.

Die unfassbare Größe des Weltalls und die unendliche Fülle der Formen und Bildungen auf unserer Erde verweisen auf die unendliche Größe und Allmacht Gottes. Sie lässt sich auch nicht auf 10 hoch 500 (eine Zahl mit 500 Nullen!) Universen begrenzen, wie einige Verfechter der sog. Multiuniversums-Theorie uns vorrechnen.

Damit wir Gott suchen und lieben können, hat er den Menschen mit einem Maß an Freiheit ausgestattet, das es ihm sogar ermöglicht, sich gegen ihn zu stellen und in Ungehorsam sein eigenes Reich aufzubauen. „So ist etwas Ungeheures, Schlimmes, Dunkles entstanden: Das Reich des von Gott abgefallenen Menschen, der die Schöpfung seinem eignen Willen dienstbar macht." (Guardini, *Glaubenserkenntnis,* S. 99).

Damit wir Gott in Freiheit suchen, hat er uns zudem eine Sehnsucht nach Glück ins Herz gelegt von einer Größe, die nur

Er allein erfüllen kann. In einem seiner zahlreichen Aphorismen fasst der Atheist Nietzsche diese Sehnsucht in die Worte: „Alle Lust will Ewigkeit, will tiefe, tiefe Ewigkeit." Und der bekannte Theologe *Eugen Biser* gibt einer seiner letzten Veröffentlichungen den bezeichnenden Titel: „Der Mensch – das uneingelöste Versprechen" (Patmos Verlag, 1995).

Der unendlich ferne Gott, der die Welt im Dasein hält, ist dem Menschen in vielerlei Hinsicht auch unendlich nahe. Zum Beispiel in der Schönheit, die uns umgibt und nach Ansicht des großen russischen Schriftstellers Dostojewski (1821-81) die Welt retten werde. Womit der tief religiöse Autor großer Romane nur gemeint haben kann, dass von der Schönheit die Kraft ausgeht, die uns zu Gott zurückführen kann. Die Schönheit der Natur, die Schönheit des Menschen, nicht nur „... in der frischen Jugendzeit ...", wie es in einem frommen Lied heißt („Schönster Herr Jesu").

Genauso nahe ist Gott uns auch in der Stimme des Gewissens, die uns leiten und in die Pflicht nehmen will, das Gute zu tun und die Sünde zu meiden. Wobei Sünde alles ist, was uns von Gott wegführt. Das „moralische Vermögen", wie Kant das Gewissen nennt, ist dem Menschen nachweislich a priori (vor aller Erfahrung) in die Wiege gelegt, untersteht aber im Gebrauch seinem freien Willen.

So sehr stand Gott – der die Allmacht und Weisheit, aber auch die Liebe und Demut ist – zu seinem Schöpfungswerk, dass der ewige Sohn alle Schuld auf sich nahm und als Mensch in die „verdorbene Welt" (Guardini) hineinging, um sie zu erlösen, d. h. wieder „gottfähig" und damit „ewigkeitstauglich" zu machen. Dem Willen des Vaters gehorsam besiegte Jesus Christus durch sein Leiden und seine Auferstehung den

Tod und wurde, wie Paulus sagt „der Erstgeborene unter den Toten". „Der Kampf begann, in dem wir stehen und der bis ans Ende der Welt gehen wird." (Guardini, *Johanneische Botschaft*, S. 122) Der Kampf um die Seelen jener, die im Hochmut erstarrt sind, „im Hochmut des Körpers, im Hochmut des Geistes, im Hochmut der Macht" (Guardini, a.a.O. S. 27)

Im fünften der insgesamt zwölf fundamentalen Glaubenssätze – der Zahl der 12 Apostel entsprechend – bekennen wir: „Gelitten unter Pontius Pilatus, gekreuzigt, gestorben und begraben." Es ist wohl die ungeheuerlichste und unbegreiflichste aller Aussagen des ganzen Glaubensbekenntnisses und zugleich die in der Überlieferung am besten belegte. Der Apostel und Evangelist Johannes war sogar Augenzeuge. Er stand als Einziger der 12 Apostel zusammen mit Jesu Mutter unterm Kreuze und gilt, auch bei jüdischen Gelehrten, aufgrund seiner präzise zum Ausdruck gebrachten Ortskenntnisse als sicherster Gewährsmann des dramatischen Geschehens in Jerusalem vor dem Pesachfest. (Vgl. Hesemann, S. 259)

Dass Gott in Jesus Christus Mensch wurde, aus Liebe zu seinen Geschöpfen, ist für einen, der „mit dem Herzen sieht" (Pascal), noch irgendwie nachvollziehbar. Wenn wir auch einräumen müssen, dass Gott doch des Menschen als Mitvollziehenden seiner Liebe gar nicht bedarf, „weil ewige, personale Liebe in Gott selbst ist, zwischen Vater, Sohn und Heiligem Geist." (Guardini, *Johanneische Botschaft*, S. 99). Aber offensichtlich hat er genau dies gewollt: das Mit-lieben seines Geschöpfes Mensch. Jedoch um welchen Preis! Sein Geschöpf wurde ihm zum Schicksal. Und was für einem!

Den Glaubenssatz: „... gelitten unter Pontius Pilatus ..." übergehen wir wohl oft ein bisschen zu schnell; zumal da ihm unmittelbar die so tröstliche Botschaft von der Auferstehung und Himmelfahrt des Herrn folgt. Aber bedenken wir einmal etwas genauer dieses Leiden und Sterben Jesu. Der Historiker *Michael Hesemann*, mit der antiken Geschichte bestens vertraut, hat dies in einem Interview mit Radio Horeb und anderen Stationen von „Kirche in Not" sehr eindrucksvoll getan. („Weltkirche aktuell, Dezember 2011)

Eine Geißelung mit anschließender Kreuzigung, so Hesemann, sei die grausamste Art aller Zeiten, einen Menschen zu töten. Antike Schriftsteller haben das schauerliche Geschehen detailliert beschrieben.

Mit einer drei-schwänzigen Geiselpeitsche, an deren Enden Bleikanten befestigt waren, wurde auf das Opfer von zwei Seiten her eingeschlagen, mit 39 Hieben. Viele haben die Geiselung gar nicht überlebt. Der Körper war nach diesen Schlägen wie rohes Fleisch mit blutenden Wunden übersät.

Der wegen der gezeigten Grausamkeiten viel kritisierte Film von Mel Gibson „Die Passion Jesu Christi" gebe die Details sehr gut wieder, sagt Hesemann. Nur die Kreuzigung verlief etwas anders als in dem Film gezeigt. Es wurde nie das gesamte Kreuz von über 100 Kilogramm getragen, sondern immer nur der Querbalken, der dem Verurteilten auf den zerschundenen Rücken gebunden wurde. Am Hinrichtungsort wurde der Balken mit dem Körper am Pfahl des Kreuzes hochgezogen und danach die Beine am Pfahl befestigt. So geschehen auch mit den beiden Schächern links und rechts vom Kreuze Jesu.

Bei Jesus selber, der wohl wegen der längeren Prozessdauer als Letzter am Hinrichtungsort ankam, sind die Folterknechte anders verfahren. Aus Zeitmangel, wie man annimmt; denn es war Rüsttag, der Tag vor dem jüdischen Pesachfest. Nach einem bestimmten Zeitpunkt durfte auf Golgotha niemand mehr an diesem Tage hingerichtet werden. Jesus, dem Simon von Cyrene nach dreimaligem Sturz den Querbalken getragen hatte, wurde in Eile mit Nägeln an den Balken geschlagen. Und zwar im Bereich der Handwurzeln, wobei ein Nervenstrang durchtrennt wird. Sodann wurde sein Körper unter irrsinnigen Schmerzen am Stamm des Kreuzes hochgezogen und danach auch noch die Füße mit einem einzigen Nagel an den Stamm geschlagen. „Wir können uns kaum vorstellen, wie qualvoll, wie grausam und schmerzhaft das gewesen ist", sagt Hesemann.

Dann folgten Stunden unvorstellbarer Qualen. Für jeden Atemzug musste sich der Gekreuzigte an den Händen hochziehen, mit ungeheuren Schmerzen an den Nagelwunden. Aufgrund des Traumas sammelte sich immer mehr Wasser in der Lunge mit zunehmender Atemnot. „Um die neunte Stunde", wie es in den Evangelien heißt, starb Jesus dann an einer Art Lungenembolie. Um sicher zu sein, dass die Gekreuzigten nicht lebend vom Kreuz geholt wurden, zerschlug man ihnen die Gebeine, was dann absolut tödlich war. Auch hier verfuhren die bewachenden Soldaten bei Jesus anders. Weil er sichtlich nicht mehr lebte, stieß einer von ihnen seine Lanze in das Herz Jesu, „und sogleich floss Blut und Wasser aus seiner Seite", wie der Evangelist Johannes berichtet (Joh. 19,35), der zusammen mit der Mutter Jesu, ihrer Schwester und Maria von Magdala unter dem Kreuze stand und das qualvolle Sterben Jesu mit ansehen musste. Was muss in ihnen vorgegangen sein, was müssen sie empfunden haben!

Jesus hat, physiologisch betrachtet, die schlimmsten Schmerzen erlitten und auf sich genommen. Man wird Hesemann Recht geben, wenn er sagt: „Die Kreuzigung war wirklich mit Abstand die grauenvollste Art und Weise in der gesamten Geschichte, wie Menschen von anderen Menschen zu Tode gebracht wurden. Es gab keine andere so qualvolle und leidvolle Hinrichtung wie die Kreuzigung ... Die Tiefe des Geschehens kann man nur begreifen, wenn man sich das vor Augen hält." (Hesemann, a.a.O.)

Und das alles um des Heils der Menschen willen. Wie wenig scheint uns Heutige dieses furchtbare Geschehen noch zu berühren! Muslime, und nicht nur sie, stellen es gar in Abrede. Inzwischen wissen wir auch warum. Forscher der Orientalistik sind sich ziemlich sicher, dass der Koran auf einer von syrischen Christen verfassten Schrift aufbaut. Gleich den Jüngern vor der Begegnung mit dem Auferstandenen haben auch sie die Berichte von Jesu Leiden, Tod und Auferstehung nicht verstanden und dieses Kapitel einfach verschwiegen. An einen gekreuzigten Messias hatte niemand gedacht. Es konnte nicht sein, was nicht sein durfte. Was vom Faktum her nun nötig war und in besagtem Text offenbar unterblieb, war nun „beides, Kreuz und Auferstehung, in der Schrift (Anm.: den Prophezeiungen im Alten Testament) suchen, sie neu verstehen und dadurch zum Glauben an Jesus als Sohn Gottes gelangen." (Benedikt XVI., *Jesus von Nazareth*, S. 270)

Die Ergebnisse der historisch-kritischen Forschung über den historischen Jesus – also nicht nur über den Christus des Glaubens – lassen inzwischen aber weniger denn je Zweifel an der Richtigkeit der biblischen und mündlichen Überlieferung über das Ostergeschehen zu. Nicht zuletzt die Ausgrabungen der letzten Jahrzehnte in Israel bestätigen eindrucksvoll, was uns im Neuen Testament berichtet wird. Michael Hesemann schreibt in seinem Buch „Jesus von Nazareth", dass den Ausgrabungsbefunden zufolge das Johannes-Evangelium geradezu als eine Art Stadtführer durch das alte Jerusalem verwendet werden kann. Oder das Markus-Evangelium als „Ortsführer" durch Kapharnaum.

Das Kernstück christlicher Verkündung, so sagten wir, war und ist die Auferstehung des gekreuzigten Heilandes. Ohne das Ostergeschehen gäbe es kein Christentum und keine vom Christentum geprägte abendländische Kultur. Darin sind sich die Historiker einig. Und zwar unabhängig davon, ob der historische Jesus oder der Jesus Christus des Glaubens gemeint ist. Eine Unterscheidung, die moderne Theologen in der Nachfolge *Rudolf Bultmanns (1884-1976)* glaubten vornehmen zu müssen, aber nach heutigem Stand der Forschung als überholt gelten kann.

Nicht überholt, sondern aktueller denn je ist die Tatsache, dass bei immer weniger Menschen der Auferstehungsglaube heute noch die Relevanz hat, die er seiner Bedeutung nach eigentlich haben müsste und über die Jahrhunderte immer hatte. Wie lässt sich das erklären?

Möglicherweise spielen gleich mehrere Gründe eine Rolle. Sie zu kennen und zu reflektieren wäre ein erster Schritt zu einem Umdenken in dieser existenziellsten aller Fragen. „Der christliche Glaube steht und fällt mit der Wahrheit des Zeugnisses, dass Christus von den Toten auferstanden ist. Wenn man dies wegnimmt, dann ist der christliche Glaube tot." (Benedikt XVI., a.a.O. S. 266)

Schon der Apostel Paulus schreibt in einem seiner Briefe: „Wenn Jesus von den Toten auferstanden ist, dann werden auch wir von den Toten auferstehen. Wenn er nicht von den

Toten auferstanden ist, dann sind wir (die Christus-Gläubigen) die Elendsten unter allen Menschen ..."

Der Auferstehungsglaube war offensichtlich von Anfang an etwas, was der nachdrücklichen Bestätigung durch die Zeitzeugen bedurfte. Gnadenhaft erst einmal begriffen und angenommen, entfaltete er seine ungeheure Kraft und missionarische Wirkung. Bei uns Heutigen gibt es leider fatale Tendenzen, dieser Hoffnung mehr oder weniger mit Gleichgültigkeit, Unverständnis oder explizitem Unglauben zu begegnen. Weil wir geneigt sind, eher dem zu vertrauen, was sich als letzte wissenschaftliche Erkenntnis ausgibt (trotz der zahlreichen nachweisbaren Irrtümer!) als den Augenzeugenberichten der biblischen Schriften.

E

Warum bleibt Gott für uns so eigentümlich im Verborgenen?

1.

Das ganz andere Herrschertum Jesu Christi

In vorangehenden Kapiteln haben wir mit einer Reihe von Beispielen versucht, etwas von der unendlichen Weisheit in den Werken der Schöpfung aufscheinen zu lassen, hinter der nur ein allweiser und allmächtiger Gott stehen kann und nicht der Zufall als „kreatives Prinzip".

Um jedoch an Gott als Schöpfer der Welt glauben zu können – gar ihn zu lieben, wie das erste Gebot des Dekalogs es fordert – muss der Mensch frei sein. Frei von Unterwerfung unter einen dunklen numinosen Urgrund, aus dem heraus der Mensch scheinbar sinnlos ins Dasein geworfen wurde, wie sich das die existenzialistischen Philosophen um Jean Paul Sartre vorstellten.

Tatsächlich ist es Gott selber, der uns durch seine Kraft diese Freiheit verschafft hat. Am deutlichsten zeigt sich diese Freiheit darin, dass wir die Welt und unser Dasein so wahrnehmen können, als gäbe es gar keinen Gott. Obwohl dieser per se gleichsam alle Fäden in der Hand hält, verbirgt er sich so geheimnisvoll hinter allen Dingen, dass, wer es darauf anlegt, durchaus die Existenz eines Schöpfers leugnen kann. Nicht wenige

Menschen im Westen tun genau dies, sei es ausgesprochen oder unausgesprochen. Die Theologen sprechen in letzterem Falle von einem atheistisch gelebten Agnostizismus. „Ich glaube nur was ich sehe. Und ich sehe Gott nicht, also ist er für mich kein Thema."

Und dennoch, auch ohne das Offenbarungswissen ist Gott in vielfacher Weise in unserem Dasein präsent. So leuchtet in der Schönheit alles Geschaffenen etwas auf, das auf ein Transzendentes verweist. „Schönheit ist Wahrheit (die letztlich Gott ist), und Wahrheit ist Schönheit", brachte der empfindsame Romantiker und Naturliebhaber William Wordsworth (1770-1850) seine Erfahrungen zum Ausdruck. „Die Schönheit, sowohl die des Kosmos und der Natur als auch die durch Kunstwerke zum Ausdruck gebrachte, kann ein Weg zum Transzendenten werden, zum letzten Geheimnis, zu Gott, weil sie die Horizonte des menschlichen Bewusstseins öffnet und weitet, es auf diese Weise über sich selbst hinaus verweist und es mit dem Abgrund der Ewigkeit konfrontiert." (Benedikt XVI. bei einer Begegnung mit Künstlern, 21.11.2009)

Aber auch die dem Menschen ins Herz gelegte maßlose Sehnsucht nach Glück und Erfüllung ist nicht zufällig, sondern letztlich auf Gott gerichtet, kann nur von ihm gestillt werden. Daher komme für einen religiösen Menschen das Leiden am „manque" (frz. Mangel, gemeint ist das Missverhältnis von Sehnsucht nach Glück und dessen Erfüllung) nicht zufällig, sondern vorhersehbar, meint der Wiener Pastoraltheologe Paul M. Zulehner.

„Es ist gleichsam Gottes charmante Art, sich bei uns Gottvergessenen in Erinnerung zu halten." (Paul M. Zulehner, *Gottes-Sehnsucht*, S. 50). Wobei Zulehner das Wort „charmant" wählt wegen seiner Nähe zum griechischen Wort „charis" = Gnade.

Und der große Kirchenlehrer Augustinus (354-430) fasste diese unstillbare Sehnsucht in die berühmten Worte: „Auf Dich hin, o mein Gott, sind wir geschaffen. Und unruhig ist unser Herz, bis es ruht in Dir."

So wie Gott der Herr der Herzen ist, so ist er auch der Herr der Gewissen. Das Gewissen, oder das moralische Vermögen, wie Kant sagt, ist jedem Menschen eingestiftet, und zwar a priori, d. h. vor aller Erfahrung, wie der große Philosoph in seiner „Kritik der Urteilskraft" nachweist. Demnach nimmt nur noch das Denken in Raum und Zeit den gleichen apriorischen Rang ein. Alles andere beruht auf Erfahrung, ist a posteriori (= im Nachhinein, durch Erfahrung erlangt), wie Kant sagt.

Anders als die Naturgesetze, die mit Notwendigkeit wirken, wenden sich die sittlichen Gesetze an unsere Freiheit. Freiheit aber bedeutet, dass ich Ja oder Nein sagen kann. Bindend sind die sittlichen Gesetze in dem Sinne, dass ich das Gute wollen soll. „Der da fordert und bindet, ist letztlich Gott. Die Macht, die sich darin ausdrückt, ist sein sittliches Herrschertum. Er ist das Gute und will es, und indem Er das will, verpflichtet Er den geschaffenen Willen." (R. Guardini, *Glaubenserkenntnis*, S. 59)

„Gott ist der Herr der Welt. Sie gehört ihm. Sein Wille verwirklicht sich in ihr ... Ist das auch wahr?", fragt Romano Guardini nachdenklich-provozierend und räumt ein, dass meistens alles andere wirklicher zu sein scheint als Gott. „Erde, Meer und Gestirne, die Jahreszeiten, Hunger und Trieb, Geburt und Tod." (a.a.O., S. 58) Oder auch die ganz alltäglichen Dinge, die uns in Anspruch nehmen, wie Partnerschaft, Familie, Beruf, Freizeit, Vergnügungen, Urlaub und dergleichen mehr.

Gottes Herrentum ist offenbar von ganz anderer Natur, als wir es vermuten. Wenn wir wissen wollen, wie Gott ist, müssen wir auf den sehen, der die Offenbarung Gottes ist: Auf Jesus Christus. „Wie er gesinnt ist, was Er tut, wie es ihm ergeht, so ist Gott ... In ihm zeigt sich eine Haltung, die es sonst im echten Herrentum nicht gibt, und die wir nur mit dem Wort „Demut" bezeichnen können." (a.a.O., S. 63)

Etwas wahrhaft Ungeheuerliches. Dass das Geschöpf demütig gegenüber Gott sein soll, leuchtet unmittelbar ein. Was aber soll es heißen, Gott selbst sei demütig? Das Wissen darum kann nur aus der Offenbarung kommen, von uns aus können wir darüber nicht urteilen. Wenn in Christus Gott wirklich Mensch geworden ist, dann ist Gottes Herrschertum demütig. „Mehr noch, die Demut beginnt überhaupt in Gott. In Jesus Christus wird uns ein neues Herrschertum Gottes geoffenbart, ein Herrentum, das mit der Demut einhergeht."

„Die Demut ist ursprünglich nicht die Haltung des Schwachen gegen den Starken, sondern das unbegreifliche Sich-Neigen des Herrn schlechthin vor dem Geschöpf – welches Sich-Neigen sein Herrentum nicht zerbricht, sondern voraussetzt und vollendet. Das mitzuvollziehen ist die Demut des Christen." (Guardini, *Glaubenserkenntnis*, S. 64) Eine Herausforderung, die den ganzen Menschen fordert. Und oft genug zu überfordern scheint, besonders in unserer Zeit.

Vom Wortsinn her bedeutet Demut „Mut zum Dienen", „Dienstwilligkeit". Friedrich Nietzsche ging mit zornigem Ungestüm gegen die Demut an. Er sah in ihr das Wesen des Christentums. Seiner Meinung nach „die Haltung der Schwachen und Zu-kurz-Gekommenen, die aus ihrer Kümmerlichkeit eine Tugend gemacht hätten. Echtes Menschentum sei stolz. Echter Adel offenbare sich im Herr-sein, das sich vor niemandem beuge. Das Christentum habe die Werte verdorben und das Leben von der Armseligkeit her bestimmt." (R. Guardini, *Johanneische Botschaft*, S. 24)

Nietzsches Gegenentwurf war der Übermensch mit dem skrupellosen Renaissance-Herrscher Cesare Borgia als Vorbild. So trägt denn auch eine 1906 postum herausgegebene Sammlung von Gedanken und Aphorismen den bezeichnenden Titel: „Der Wille zur Macht – Versuch einer Umwertung aller Werte." Ein sehr einflussreiches Werk, das unter anderem auch reichlich Wasser auf die Mühlen des nationalsozialistischen Größen- und Rassenwahns leitete. Mit den bekannten Folgen. Die von Nietzsche und wohl auch von vielen Christen missverstandene Demut kannte nur „das infantil-pietistische Christusbild, voll von sentimentaler Weichheit und Passivität" (G. Siegmund), das dem Pastorensohn Nietzsche in seiner familiären, von Frauen geprägten Umgebung vermittelt worden war.

Die wahre Demut ist aber von anderer Statur. „Nur der Starke kann wirklich demütig sein, indem seine Stärke, nicht gezwungen, sondern in Freiheit, sich vor dem neigt, was schwächer ist; indem sie dient." (ebd.)

Was wir meist nicht bedenken: Schon in der Erschaffung der Welt offenbart sich, „geheimnisvoll, dunkel erschreckend" (Guardini), Gottes Demut. Er, der dreifaltige Gott, „dem die Größe wesenhaft ist, ist so stark und seiner selbst Herr, dass er die endliche Welt schaffen darf, ohne seiner Ehre etwas zu vergeben." (a.a.O., S. 26) In keiner Weise bedarf er ihrer. Und dennoch: „Nachdem Er die Endlichkeit des Seins geschaffen, hat Er auch gewollt, dass endliche Freiheit sei; Freiheit, die nicht durch die absolute Heiligkeit gewährleistet ist wie die seine, sondern in die Möglichkeit des Bösen gestellt ist." (ebd.) Was das bedeutet, wissen wir aus der Geschichte wie aus der alltäglichen Erfahrung. Jedoch steht Gott so sehr zu seiner Schöpfungstat, „dass er die Schuld seines Geschöpfes auf sich nimmt, in die Endlichkeit hineingeht und Mensch wird; und das in der Gestalt eines kleinen Wanderpredigers in dem winzigen Palästina, das kaum ein Mensch kennt." (a.a.O.)

So wird uns in Jesus Christus ein neues Herrentum geoffenbart: das mit Demut zusammengeht. „In ihm erfüllt und vollendet sich Gottes Selbstoffenbarung. Sie geschieht durch Jesu ganzes Dasein: durch das, was er spricht, was er tut, was ihm geschieht, aber auch und vor allem durch das, was Er ist. In dem Herrentum Christi, von dem die Rede ist, offenbart sich das Herrentum Gottes." (Guardini, *Glaubenserkenntnis*, S. 57) Herrentum und Demut gehen in Gott zusammen. Und nur in ihm, wie die Erfahrung lehrt.

„Der Gott, der sich in Christus kundtut ... tritt in die Gemeinschaft der Schuld ein und arbeitet sie lebend und leidend auf. Dass Gottes Herrentum – zusammen mit der Demut – diese Liebe enthält, gehört zum Tiefsten der christlichen Gottesbotschaft."

Der Evangelist und Jünger Johannes, der über eine lange Lebenszeit hinweg (gest. um 90 n. Chr.) dieses Geheimnis bedenken konnte, folgert denn auch, dass Gott, der Mensch gewordene Logos, die Liebe schlechthin ist.

Guardini weiß sehr wohl, dass es „eines inneren Durchbruchs" bedarf, um zur Größe dieser Gottesvorstellung zu gelangen. Es sollte damit beginnen, dass wir in Demut erkennen, dass unsere endlichen menschlichen Maßstäbe gegenüber dem unendlich großen Gott schlechthin versagen. Dass die Wahrheit, *wie* Gott ist, uns nur durch die Offenbarung zuteil werden kann.

2.

Gott und das unverschuldete Leid in der Welt

Es gibt also nichts, was aus wissenschaftlicher Sicht dem biblischen Schöpfungsglauben widerspricht. Für Theisten
(Gottgläubige) und Christen also ein Grund, sich zufrieden
zurückzulehnen und alle Ungläubigen der Verstocktheit zu
bezichtigen? Leider nicht. Denn nicht nur Agnostiker und
Atheisten konfrontieren den Glauben an Gott mit einer ebenso naheliegenden wie bedrängenden Frage: Wenn es einen
allmächtigen, allweisen und allgütigen Gott gibt – Attribute,
die Gott philosphisch per se definieren – warum lässt er dann
so viel Leid und Böses in dieser von ihm erschaffenen Welt
zu? Dabei steht nicht das von Menschen verursachte Böse als
bewusstes Schadenwollen im Vordergrund, sondern das *Übel*
als *strukturelles* Merkmal dieser Welt, das dem Menschen auch
ohne mitmenschliche Bosheit zustößt: Naturkatastrophen,
Krankheiten, Altern und letzlich der Tod.

Schon sehr früh in der Philosophiegeschichte, im vierten
Jahrhundert vor Christus, hat Epikur (341-270 v. Chr.) zu
den Versuchen kritisch Stellung genommen, Gott zu rechtfertigen, griechisch *Theodice (theòs>Gott, dikè>Gerechtigkeit)*
genannt: Entweder will Gott das Übel in der Welt aufheben,
aber er kann es nicht; oder er kann es, will es aber nicht; oder
er will weder noch kann er; oder er will und kann auch. Die
drei ersten Fälle sind in Hinsicht auf einen Gott undenkbar;
der letzte Fall verträgt sich nicht mit dem tatsächlichen Vorhandensein des Übels. (*Philosophisches Lexikon*, Kröner Verlag, S. 597)

Philosophische Erklärungsversuche

Es hat viele Versuche von Philosophen und Theologen gegeben, diese Widersprüche aufzulösen, und zwar in zwei unterschiedlichen Vorgehensweisen: Indem entweder die Allmacht, Allgüte und Allwissenheit Gottes eingeschränkt wird, oder aber das Böse und das Übel relativiert werden.

Den bekanntesten Versuch dieser Art hat der große deutsche Universalgelehrte und Mathematiker **Gottfried Wilhelm Leibniz (1646-1716)** unternommen in seinem *„Essais de theodicée" von 1710,* dem die ganze Problematik auch ihren Namen verdankt.

In dieser Schrift prägte Leibniz den Begriff von der „besten aller Welten": Aus einer unendlichen Zahl möglicher Welten schafft Gott die real existierende, welche die beste ist, weil Gott allmächtig, allgütig und allwissend ist. Das Übel ergibt sich notwendig aus der Endlichkeit der Welt. Wäre sie gänzlich gut, dann wäre sie mit Gott identisch, was aber dem Wesen der Schöpfung widerspricht. Des weiteren weist Leibniz auf einen notwendigen Zusammenhang zwischen Gutem und Üblem hin. Es gäbe nämlich Gutes, das nur um den Preis der Existenz von Übel zu haben sei. Zum Beispiel die Freiheit des Menschen, die jederzeit auch zum Bösen missbraucht werden kann. Überdies könne das Leid in der Welt den Menschen zur Verhaltensänderung führen und diene somit der Erziehung der Menschheit.

In einer Abhandlung *„Über das Misslingen aller philosophischen Versuche in der Theodizee" (1791)* weist **Immanuel Kant (1724-1804)** diesen Versuch grundsätzlich zurück. Überlegungen metaphysischer Art anzustellen übersteige die Möglichkeiten der menschlichen Vernunft, da diese lediglich in Kategorien der Erfahrung denken und argumentieren könne. Von allen Erfahrungen unabhängig ist für Kant nur das „moralische Gesetz", das jedem Menschen innewohnt und einen „kategorischen Imperativ" hervorbringt. Dieser sage dem Menschen, was er tun und was er lassen solle: „Handle so, dass du wollen kannst, dass die Maxime deines Handelns zum allgemeinen Weltgesetz wird." Hierbei sei die Vernunft gefordert; für metaphysische Spekulationen sei sie ihrer Natur nach ungeeignet.

Der zusammen mit Kant wohl größte und einflussreichste deutsche Philosoph, *Georg Wilhelm Friedrich Hegel* (1770-1831), stellt das Übel in den Zusammenhang seiner Vorstellung von einer dialektischen Entwicklung der Welt. Leid und Übel, die „Schlachtbank der Geschichte", sind für ihn nur ein Aspekt im Weltgeschehen, das in einem notwendigen Prozess zu einem guten Ende führen werde. Gottes Güte stehe zum Leid und Übel in der Welt nicht im Widerspruch, da Gott den Ausgang der Geschichte bereits kenne und daher nicht Leid vermindernd einzugreifen brauche. Das individuelle Leid wird nicht geleugnet oder bagatellisiert, sondern mit Blick auf einen höheren Sinn erklärt und hingenommen.

Selbst wenn die Erklärungsversuche von Leibniz oder Hegel in sich schlüssig erscheinen, so bleibt doch das Übermaß an Leid in akuter Weise ein Stachel im Fleische des Glaubens an einen allmächtigen und allgütigen Gott.

Georg Büchner (1813-1837) fasste in seinem Drama „*Dantons Tod*" das Leiden am Leid dieser Welt in folgende Worte: „Warum leide ich? Das ist der Fels des Atheismus. Das leiseste Zucken des Schmerzes, und rege es sich nur in einem Atom, macht einen Riss in der Schöpfung von oben nach unten."

Um die Mitte des letzten Jahrhunderts hat sich **Albert Camus** (1913-1960), ein Vertreter des französischen Existenzialismus um *Jean Paul Sartre*, mit dem Leid in der Welt auseinandergesetzt. In seinem Roman von 1947 „Die Pest" verkörpert der Arzt Dr. Rieux einen Menschen, der sich auflehnt gegen das Böse und das Leiden. Ohne nach dem Sinn des Geschehens zu fragen, lehnt er sich auf gegen die Pest und versucht zu helfen, so weit es seine Kräfte erlauben. Angesichts des Übermaßes an Leid während der Pestepidemie verstummt sein Fragen nach dem Sinn. Sich dem Absurden zu widersetzen und es auszuhalten erscheint ihm als die einzig mögliche Reaktion und das eigentlich Menschliche.

Zugegeben, eine wenig tröstliche Perspektive. Und für nicht wenige, auch Philosophen, ein Grund, an der Existenz Gottes zu zweifeln.

Das Leid und die Religionen

Wie zu erwarten, findet die Frage nach Ursache und Bedeutung des Leids in den vier großen Weltreligionen unterschiedliche Antworten. Der aus dem Hinduismus hervorgegangene **Buddhismus** wälzt alles Leid auf die Lehre vom Karma und die Wiedergeburt ab. Wer leidet, der hat ein schlechtes Vorleben gehabt und ist letztlich selber schuld an seinem Elend. Er kann nur hoffen, bei entsprechend guter Lebensführung, im nächsten Dasein besser dran zu sein. Der Einzelne ist somit ethisch streng in die Pflicht genommen und entscheidet selber über sein künftiges Schicksal. Altern und Tod sind keine strukturellen Daseinsübel, sondern Chance auf ein neues, besseres Leben. Das Theodizee-Problem entfällt gänzlich, da

Siddhartha, der Begründer des Buddhismus, sich weigerte, eine Aussage über Gott als existent oder nicht existent, als gut oder böse zu machen. Er wollte dem leidenden Menschen lediglich eine Lehre zur besseren Daseinsbewältigung bieten. Der **Hinduismus** hat dem gegenüber durchaus ein Bild von Gott. Allerdings eines, das sich von den drei abrahamitischen Religionen Judentum, Christentum und Islam deutlich unterscheidet. In einer Dreiheit von Göttern ist *Brahma* der Weltenschöpfer, *Vishnu* der Erhalter der Welt und *Shiva* der Zerstörer. Außerhalb dieser Trinität wird Shiva von vielen Indern aber auch als Erhalter und Zerstörer zugleich verehrt.

Neben den beiden Gattinen Shivas (Sati in erster und Parvana in zweiter Ehe) gibt es noch zahlreiche weitere, meist weibliche Gottheiten mit überwiegend destruktiven Eigenschaften. Vor diesem Hintergrund, zusammen mit dem Glauben an die zyklische Wiedergeburt, stellt sich die Theodizee-Frage naturgemäß erst gar nicht.

In der Tradition des **Islam** erscheint das Wort Leid selten. Der Koran spricht statt dessen von Unrecht (arab. Zulüm) und Heimsuchung. Gott der Gerechte fügt seinen Geschöpfen kein Leid zu, ohne dass sie es selbst verursachen. (Sure 3,117)

Leiden infolge von Krankheit und Tod bedeutet für den Muslim, dass Gott ihn auf die Probe stellen will. „Wem Gott Gutes will, den prüft er mit Krankheit." (Bukhari, islamischer Gelehrter des 9. Jahrhunderts) Jegliches Leid ist nach Bukhari Sühne für begangene Sünden. Deshalb darf ein Muslim Gott nicht anklagen, sondern ihn bitten, dass er das Beste für ihn geschehen lässt. Ungleich größer als leidvolle Prüfungen sind nach Sure 14,37 die Wohltaten Gottes.

Zusammenfassend lässt sich also sagen, dass es im Islam kein von Gott verhängtes Leid gibt. Wo es auftritt, ist es entweder Prüfung oder Sühne für begangene Sünden.

(Vergl. dazu den Internet-Beitrag von Nigar Yardin: *Das Leid im Islam*)

Für die Interpretation von Leid im **Judentum** steht beispielhaft die Gestalt und Geschichte von Ijob (Hiob) im Alten Testament, in dem seinem Geschick ein eigenes Buch mit 42 Kapiteln gewidmet ist. Ein Stück Weltliteratur zum Thema Theodizee.

Ijob, so wird dort erzählt, verbringt seine Tage gottesfürchtig in Glück und Wohlstand. Auf Gottes Geheiß (!) wird er von Satan auf die Probe gestellt, der behauptet hatte, Hiob sei nur deshalb fromm und gottesfürchtig, weil Gott ihn und seine Arbeit segne. Das lässt Gott nicht auf sich beruhen, und er beauftragt Satan, Hiob alle Leiden dieser Welt zuzufügen: Verlust seiner stolzen Habe, seiner zehn Kinder, und schließlich auch noch seiner Gesundheit: Geschwüre bedecken ihn von Kopf bis Fuß, und Hiob siecht dahin.

Drei seiner verbliebenen Freunde besuchen ihn. Sie schweigen zunächst sieben Tage und sieben Nächte angesichts des Elends, das sich ihnen darbietet. Erst dann diskutieren sie lange über die Ursache seines Elends, das der Geschlagene durch irgendwelche Sünden sich wohl selbst zuschreiben müsse. Schließlich aber begehrt Hiob auf und fordert von Gott sein Recht. Er fühlt sich zu Unrecht heimgesucht, da er doch immer Gottes Gebote gehalten habe.

Daraufhin antwortet ihm Gott aus dem Sturm heraus mit langen Zurechtweisungen, sich seiner Stärke brüstend, und fordert den todkranken Hiob am Ende sogar höhnisch zum Zweikampf auf.

Aber die Geschichte nimmt ein gutes Ende: weil Hiob sich Gott unterwirft, wird er für sein Leiden reich entschädigt: durch ein langes Leben (140 Jahre!), 10 Kinder und die doppelte Anzahl von Kamelen, Rindern und Schafen.

Eine uns Heutigen etwas seltsam erscheinende Geschichte. Paradigmatisch steht sie jedoch für die einzigartige Glaubenstreue jüdischer Frömmigkeit. Selbst in der größten Gottverlassenheit, in den Vernichtungslagern von Auschwitz, wurde von gläubigen Juden gebetet. Den obersten Maximen ihres Glaubens getreu: Festhalten an der überlieferten Lehre und unbedingtes Vertrauen auf Gott. Unabhängig von theoretischen Annahmen über Wesen und Eigenschaften von Gott. Wenn Gott größer ist als der menschliche Verstand, der ihn zu begreifen versucht, dann ist er auch größer als alles menschliche Leid. Und so spricht Hiob auf dem Höhepunkt seines Suchens das ergreifende Bekenntnis aus: „Ich weiß, dass mein Erlöser lebt." Kein Geringerer als *Johann Sebastian Bach* hat dieses Bekenntnis Ijobs in ebenso ergreifende Musik umgesetzt.

Anders als im Islam spielt der Aspekt der Sühne für begangene Sünden hier keine Rolle, aber um so mehr das Leiden als Prüfung des Gottvertrauens, das sich auch und gerade in Schicksalsschlägen zu bewähren hat.

Man könnte geneigt sein, diese bedingungslose Glaubenstreue als einen der Gründe dafür zu halten, warum die meisten Juden im Zuge des Holocausts sich so schicksalsergeben verhielten und erst im Warschauer Ghetto einen, wenn auch aussichtslosen Aufstand gegen ihre Schergen unternahmen: 220 Aufständische, bewaffnet mit je einer Pistole und 5 Handgranaten, gegen 2090 Deutsche mit 82 Maschinengewehren, 135 Maschinenpistolen, 1358 Karabinern, Panzerfahrzeugen,

Flugzeugen und Artillerie. (Hannah Krall, *Dem Herrgott zuvorkommen*, S.118).

So also sahen die Chancen für einen bewaffneten Widerstand aus, der am 19. April 1944 dennoch gewagt wurde und erst nach Tagen von der SS niedergeschlagen werden konnte. Nur ein Aufstand der Völker Europas gegen den mörderischen Rassenwahn der Nazis hätte etwas bewirken können. Warum eigentlich rührte sich kaum eine Hand dagegen? Aus Mangel an Mitleid oder gar Abneigung gegenüber der jüdischen Bevölkerung? Am häufigsten wohl, um seine eigene Haut zu retten, um selber dem Leid zu entgehen.

Das Leid aus christlicher Sicht

Vordergründig betrachtet scheint sich das Christentum besonders schwer zu tun mit einer befriedigenden Antwort auf die Theodizee-Frage. Verkündet es doch nichts weniger als einen Gott als liebenden Vater aller Menschen. Eine für damalige Verhältnisse ungeheuer befreiende Botschaft mit entsprechenden Folgen für den weiteren Verlauf der Geschichte.

Mehr noch: Um die Menschheit aus Sünde und Tod zu retten, wurde Gottes eingeborener Sohn Jesus Christus ein Mensch auf Erden. Und endete, verfolgt von Neid und Hass der um ihre Privilegien fürchtenden Schriftgelehrten und Tempeldiener, schmachvoll leidend am Kreuze. Verhöhnt von Umstehenden: „Wenn du der Sohn Gottes bist, so steig herab vom Kreuze!" Alles erduldend, dem Willen seines Vaters gehorsam, entstieg er dafür als Sieger über Leid und Tod dem Grabe. Bezeugt nicht von einem Einzelnen, sondern von Hunderten von

Menschen, denen er sich zeigte. Ein wahrhaft göttliches Geschehen. Wie an anderer Stelle bereits erwähnt.

Hier sei zunächst einmal die Frage erlaubt, ob es sich die anderen Religionen mit ihren Antworten auf den Sinn des Leidens nicht doch zu leicht machen.

Leid als Strafe für begangene Sünden (Islam): Sind es oft nicht gerade die Unschuldigen, die am meisten leiden, während die wirklich Schuldigen offenbar glimpflich davonkommen?

Oder das Leid als Prüfung für die Standhaftigkeit im Glauben (Judentum): Meist hat das Leiden, trotz Unterwerfung unter den überlegenen Willen Gottes, eben nicht jenen glücklichen Ausgang wie im Falle Ijobs. Jeder wird das aus eigener Anschauung bestätigen können. Auschwitz ist der ungeheuerlichste Beleg dafür.

Johannes B. Brantschen, Schweizer Professor für Dogmatik, auf dessen Buch *„Warum lässt der gute Gott uns leiden?"* ich mich im Folgenden beziehe, warnt denn auch gleich in seiner Einleitung vor allzu wohlfeilen Antworten. Zwei Wahrheiten, so Brantschen, dürften nie vergessen werden, wenn man über die Theodizee-Frage spricht:

1. Leiden ist kein Problem, das wir mit Studieren und Nachdenken in den Griff bekommen. Leiden ist vielmehr ein abgrundtiefes Geheimnis, von dem wir nur aus Erfahrung etwas zu erahnen vermögen.

2. Leiden ist etwas ganz anderes, als über das Leiden und Mit-Leiden zu *reden*. Wer das vergisst, wird der Tiefe des Leidens und der Würde des Leidenden nicht gerecht.

Um dies mit einem Beispiel zu veranschaulichen, zitiert Brantschen eine Aussage des 1968 im Alter von 55 Jahren an Krebs gestorbenen Erzbischofs von Paris, Kardinal Pierre Veuillot. Sterbend sagte er zu seinem Freund, dem Bischof von Lallier: „Wir verstehen es meisterhaft, schöne Sätze übers Leiden zu machen. Auch ich habe übers Leiden in ergreifenden Worten gepredigt. Sagen Sie den Priestern, sie sollen lieber schweigen; wir wissen nämlich nicht, was Leiden heißt. Als ich dies einsehen musste, habe ich nur noch geweint."

Indessen, wir sagten es schon, Leid ist nicht gleich Leid. Gemeint ist damit zunächst einmal das Leid, das Menschen anderen zufügen. Sei es physischer oder, was oft noch schlimmer ist, psychischer Art. Beispiele erübrigen sich, weil jeder schon seine eigenen Erfahrungen und Beobachtungen gemacht hat. Die Menschheitsgeschichte ist, neben unendlich viel Gutem, geprägt von Leid und Bösem, das Menschen unter Missbrauch ihrer Freiheit und aus Lieblosigkeit anderen Menschen antun. Für die Vernunft so verstörend ist vor allem das Übermaß an Leid in unserer Welt. Zum Beispiel die sechs Millionen systematisch ermordeter, unschuldiger jüdischer Frauen, Männer und Kinder als unfassbarer Gipfelpunkt menschlicher Bosheit und Barbarei. Und Gott schwieg scheinbar ungerührt, vernahm nicht das Flehen seiner Frommen. Wenn Gott uns Menschen liebt, wie nicht nur Christen bekennen, warum lässt er dann soviel Leiden zu? Warum griff er nicht ein durch ein spektakuläres Wunder, wie etwa beim Auszug der Israeliten aus Ägypten, als das Rote Meer sich teilte und die Verfolger vernichtete? Und warum müssen nicht alle Menschen gleich viel leiden? Warum nicht alle den gleichen Tod sterben?

An Erklärungsversuchen gerade auch von christlicher Seite hat es nicht gefehlt. Aber eine letztgültige Antwort auf diese unheimliche Frage gibt es nicht, nur zaghafte Versuche zu deuten, was dem Verstand als Skandal erscheint. In dieser Frage genau Bescheid zu wissen, so Brantschen, hieße das Geheimnis Gottes zu zerreden und die Würde des leidenden Menschen zu verletzen. Jeder Versuch, das Leid zu erklären, bedeute, „hinabzusteigen in die Abgründe menschlicher Existenz und von dort aus aufzublicken zum Geheimnis Gottes. Jeder andere Versuch bleibt an der Oberfläche." (Brantschen, a.a.O.)

Engelbert Recktenwald hat in der Dezemberausgabe von „Aktion Leben" die christliche Deutung des Leids in folgende Worte gefasst: „ Weder greift Gott ein, um uns an der Verursachung von Leiden zu hindern, noch hält er sich einfach heraus, um uns teilnahmslos dem Schicksal zu überlassen. Sondern er ist (in Jesus Christus) Mensch geworden und in die Armut des Stalles von Bethlehem herabgestiegen. In göttlicher Demut hat Er selbst das Leid auf sich genommen und es so von innen her seines ärgsten Stachels beraubt. In Vereinigung mit ihm tragen wir das Leiden, das uns trifft, nicht mehr als ein stumpfes, sinnloses Schicksal, sondern als unseren Anteil an seinem Weg, den er gegangen ist durch Leiden hindurch in die ewige Herrlichkeit. Durch die Erlösung hat er uns das Tor zum Himmel geöffnet und damit das Leiden zu einem bloßen Durchgang relativiert, hinter dem die unverlierbare Freude auf uns wartet."

Abwegig und unchristlich wäre es jedenfalls, das Leid einfach als Strafe Gottes für begangene Sünden zu erklären oder als Medizin zur Läuterung. Auch wenn es gelegentlich heißt: Leid läutert. Das mag bisweilen zutreffen, aber eben auch das Gegenteil bewirken. Die Abwendung von Gott, Religion und Kirche.

Gott und die menschliche Freiheit

Schon die Paradiesgeschichte sagt im Kern doch, dass Gott das Glück des Menschen wollte, dieser aber die Absicht Gottes durchkreuzt hat und dies immer noch tut. Weil er die Freiheit besitzt, sich Gott, seinem Schöpfer zu versagen, entfernte er sich damit von der Nähe und Liebe Gottes.

Aber, so kann man fragen, warum hat der allwissende Gott den Menschen überhaupt mit Freiheit ausgestattet, wenn sie ihn so unglücklich machen kann? Er hätte doch vorhersehen können, dass der Mensch sich ihm versagen würde und selbst sein wollte wie Gott, so wie die Schlange im Paradies es ihm verheißen hatte. Womit Gott den Sündenfall gleichsam billigend in Kauf genommen hätte und letztlich mitverantwortlich wäre für viele Leiden in der Welt, vom banalen Ehekrach bis hin zur Hexenverbrennung, Hiroshima oder den Holocaust.

„Hier spielt der Mensch sein eigenes Trauerspiel, nicht Gott", sagt Brantschen zurecht. Indessen, so fährt der Autor fort, die *Freiheit ist der Preis der Liebe.* Die Liebe erweist sich ohnmächtig gegenüber der Freiheit des anderen. „Unüberschreitbar bleibt für den Liebenden die Schwelle des menschlichen Herzens, das sich verweigert." (a.a.O.) Wer kennt hierzu nicht eine eigene Geschichte! Etwa in der Eltern-Kind-Beziehung, oder in Bezug auf einen Menschen, dessen Liebe man vergeblich gesucht hat, für die man alles in der Welt gegeben hätte. Selbst der allmächtige Gott, der die Liebe selber ist, wie der Evangelist Johannes sagt, ist ohnmächtig gegenüber der gewollten Freiheit seiner Geschöpfe. Jeder unmittelbare Eingriff Gottes im Einzelfalle würde abrupt das Ende der menschlichen Freiheit bedeuten. Die sichtbare Erfahrung von Gottes Allmacht würde den

Menschen entmündigen, ihn prinzipiell seiner Wahlfreiheit berauben. Nicht nur im Hinblick auf Gott, sondern auch im Blick auf sein moralisches Vermögen – das nach Kant a priori (d. h. nicht durch Erfahrung erworben) in jedem Menschen angelegt ist – sich für das Gute und gegen das Böse entscheiden zu können. Gott will – und kann – aber nicht ob seiner Allmacht geliebt werden. Liebe lässt sich nicht erzwingen. Er will unsere Liebe als Antwort auf seine Liebe und überwältigende Schönheit, auf welche die Werke seiner Schöpfung eindrucksvoll verweisen: Die Schönheit der Natur und die Liebe der Menschen untereinander, besonders der Liebe zwischen Mann und Frau. Um es mit den Worten Ortega y Gassets (gest. 1955) zu sagen: „Alles in der Welt ist merkwürdig und wunderbar für ein paar wohlgeöffnete Augen."

Wohl wissend, dass Freiheit in vielfältiger Weise missbraucht werden kann, nahm Gott dieses Risiko in Kauf, weil er mit uns Menschen eine Geschichte der Liebe will, die auf Erden beginnt und ewig währt. Ohne Freiheit ist dieses Vorhaben aber nicht denkbar und durchführbar.

Und dennoch, das Übermaß an Leiden in dieser Welt, und schon gar nicht der Tod als solcher, werden damit nicht wegerklärt. Eher schon trifft uns eine Aussage des im 19. Jahrhundert einflussreichen Philosophen *Arthur Schopenhauer* (1788-1860) „mitten ins Herz", wie Johannes Brantschen es ausdrückt. „Wenn Gott diese Welt erschaffen hat", so Schopenhauer, „möchte ich nicht dieser Gott sein; denn das Elend dieser Welt würde mir das Herz zerreißen." (a.a.O., S. 25)

Was Schopenhauer und sein Schüler Friedrich Nietzsche als Atheisten nicht wahrhaben wollten: Der angeblich so gleichgültige Gott, wie auch die Theisten der Aufklärung meinten, hatte sich längst schon des Volkes erbarmt, und zwar in göttlich einzigartiger Weise. In einem Akt unendlicher Demut hat sich der Allergrößte dem Allerkleinsten zugeneigt: Wie in der Heiligen Schrift durch die Propheten verheißen, schickte er, „als die Zeit erfüllt war", seinen eingeborenen Sohn als Messias und Erlöser in die Welt, Jesus Christus. Der die unendlich befreiende Botschaft von Gott als liebendem Vater aller Menschen verkündete und dafür in wunderbarer Weise Zeugnis ablegte: Indem er Kranke heilte, sich den Erniedrigten zuwandte, Sünden vergab, Tote zum Leben erweckte und schließlich am Kreuze Sünde und Tod besiegte und seine Jünger anwies, das Evangelium, die Frohbotschaft von seiner Auferstehung allen Menschen zu verkünden: „Gehet hin und lehret alle Völker und taufet sie im Namen des Vaters, des Sohnes und des Heiligen Geistes."

Nach den Worten des Theologen Brantschen das Wunder aller Wunder: „Der souveräne Gott *will* sich von uns Menschen abhängig machen ... Gott braucht uns nicht, um Gott zu sein, weil er in sich ewig glücklicher Dialog ist (Geheimnis der Dreifaltigkeit!) ... Dieser Gott will nicht ohne uns Gott sein, will nicht ohne uns glücklich sein." (a.a.O., S. 46)

Das Leiden der Menschen ging dem liebenden Gott viel mehr noch ans Herz als Schopenhauer und wir alle es uns vorstellen können: Er setzte ein äußerstes Zeichen seiner Liebe zu den Menschen, indem er seinen eingeborenen Sohn Jesus Christus als Erlöser in die Welt sandte, ihn den liebenden Vatergott verkünden und, durch Leiden und Sterben hindurch, ihn das Leben in einer zukünftigen Welt verheißen ließ. Für alle, die demütig genug sind, an Gott und sein heilsgeschichtliches Wirken zu glauben.

3.

Wunder als Stützen des christlichen Glaubens

Bezeichnender Weise erwuchsen der Kirche und der Christenheit große Persönlichkeiten und geschahen Wunder immer dann, wenn sie durch Glaubensabfall und Krisen in Bedrängnis war. Für das Altertum und das frühe Mittelalter stehen Namen wie Augustinus und Benedikt von Nursia; und für das von Verweltlichung und Unglauben erfasste Hochmittelalter Namen wie Franz von Assisi, Thomas von Aquin und Antonius von Padua. Weil die mit der Sekte der Waldenser sympathisierenden Menschen ihm nicht zuhören wollten, predigte er einmal den Fischen, die dabei zu Tausenden ihre Köpfe emporreckten, wie die Anwesenden erschreckt sahen. Viele der Sektierer bekehrten sich aufgrund dieses Geschehens.

Für die Zeit des Niedergangs unter den Renaissance-Päpsten und der Reformation wären zu nennen Bruder *Klaus von der Flüe* (1417-1487), der über 20 Jahre völlig nahrungslos und ohne zu trinken nur vom Empfang der Hl. Kommunion lebte; und durch dessen Vermittlung ein Bürgerkrieg in der Schweiz vermieden wurde, was ihn zum Schutzpatron der Eidgenossen werden ließ. Oder Petrus Canisius (1521-1597), dessen größtes Werk der 1555 veröffentlichte und in fast alle Sprachen der Erde übersetzte katholische Katechismus war. Durch ein Aufsehen erregendes Wunder belebte er wieder die bis heute andauernden Marien-Wallfahrten nach Altötting.

Nicht zu vergessen in dieser Reihe ist auch die große spanische Mystikerin und Visionärin *Teresa von Ávila* (1515-1582), die den im Niedergang befindlichen Karmeliterorden reformierte und die Ordensgemeinschaft der *„unbeschuhten Karmeliten"* gründete. Die Lektüre ihrer Lebensbeschreibung führte bei der jüdischen Atheistin und promovierten Philosophin *Edith Stein* zu der Erkenntnis, dass die katholische Kirche die von Gott gegründete Kirche ist. Gegen alle Widerstände ihrer Familie ließ sie sich 1922 taufen und trat nach einigen Jahren als Lehrerin in den Karmelitenorden zu Köln ein. Sie weihte Gott ihr Leben zur Bekehrung auch ihres Volkes, bevor sie als Jüdin im August 1942 in Auschwitz ermordete wurde. 1998 wurde sie heilig gesprochen und zu einer Patronin Europas erklärt.

Besonders reich an wundertätigen Heiligen bis hin zu den Marien-Erscheinungen von Lourdes und Fatima ist das 19. und 20. Jahrhundert; eine Zeit, in der von Hochmut getriebene Aufklärer und antireligiöse, totalitäre Regime meinten, dem christlichen Glauben den Todesstoß versetzen zu können. Nach dem Willen der Nazis sollten nach gewonnenem Kriege in Deutschland nur noch zwölf Glocken läuten: Auf der Kuppel des Berliner Reichstags. 17 Jahre nach dem Ende des „Tausendjährigen Reiches" folgte statt dessen das Zweite Vatikanische Reformkonzil (1962-65) sowie zwei Päpste, die dem Katholizismus weltweit wieder Achtung und Ansehen verschafften: Papst Johannes Paul II. als großer Kommunikator und Benedikt XVI. mit seinem Bemühen, Glaube und Vernunft miteinander zu versöhnen.

Der heilige Pfarrer von Ars

Zu den größten Heiligen der letzten 200 Jahre gehört zweifellos der in einem Dorf bei Lyon als Priester wirkende *Jean Marie*

Vianney (1786-1859), besser bekannt unter seinem Amtstitel „Pfarrer von Ars". Sein Leben war so reich an Wundern, dass man sie gar nicht alle aufgeschrieben hat. Er heilte viele von Ärzten für unheilbar erklärte Kranke und besaß die Gabe der „Seelenschau", d. h. er erkannte intuitiv die Verfehlungen der zu ihm in immer größeren Scharen herbeiströmenden Menschen, nicht selten von weit her. So kam es, dass der Pfarrer des 240-Seelen-Dorfes im Sommer 12 bis 18 Stunden im Beichtstuhl saß, im Winter 11 Stunden. Die Kälte in der ungeheizten Kirche führte zu Frostbeulen an den Händen. Von November bis Mai, so sagte er einmal, spüre er seine Füße schon gar nicht mehr. Niemanden glaubte er abweisen zu dürfen. Drei Viertel seines Lebens, so wurde errechnet, verbrachte er im Beichtstuhl. Allein in seinem letzten Lebensjahr kamen über 100 000 Besucher nach Ars. Am 4. August 1859 starb er nach kurzem Krankenlager an Erschöpfung. Trotz seines unermüdlichen Einsatzes für das Seelenheil der Menschen fürchtete er Gottes Gericht, weil er sein Tun für unzureichend hielt. Er galt als der demütigste Mensch seiner Zeit und wurde schon zu Lebzeiten als Heiliger verehrt und am Pfingstfest 1925 von Papst Pius XI. heilig gesprochen.

Das wohl bekannteste und schönste Wunder ereignete sich, als einmal in dem Waisenhaus, für das der Pfarrer von Ars als Gründer verantwortlich war, das Getreide ausging und eine Hungersnot drohte. So betete er an einem Abend mit den Kindern voller Gottvertrauen um Hilfe aus der Not. Man dachte wohl an irgendwelche Geldspender, die sich früher schon mal als Helfer erwiesen hatten. Aber es kam anders. Am nächsten Morgen war der leere Speicher bis oben hin mit Getreide gefüllt, so voll wie er noch nie war. Alle Dorfbewohner wurden Zeugen dieses Wunders. Auch der zuständige und sehr skeptische Bischof kam herbei, um sich vor Ort ein Bild zu machen. Am Ende gab es keinen Zweifel, dass sich hier ein grandioses Wunder ereignet hatte.

Lourdes: Wo Himmel und Erde sich berühren

Lourdes ist eine der am meisten besuchten römisch-katholischen Wallfahrtsorte der Welt. Über sechs Millionen Pilger jährlich zählt die Stadt heute, zwei Drittel von ihnen kommen aus dem Ausland. Die meisten sind fromme Katholiken aus Spanien, Italien und Großbritannien. Aber auch mancher Zweifler und Suchender kam hierher und ist als gläubiger Mensch wieder heimgekehrt unter dem Eindruck des vor Ort Erlebten. Ganz abgesehen von den vielen Krankenheilungen, die sich dort schon auf wundersame Weise ereignet haben und zum Teil auch wissenschaftlich untersucht und anerkannt sind. Wie wurde das kleine französische Provinzstädtchen am Nordhang der Pyrenäen mit ehemals 4500 Einwohnern zu dem, was es heute ist?

Am Anfang stand ein armes, asthmakrankes Mädchen von 14 Jahren, ohne Schulbildung und nur des regionalen Dialektes (Bigourdan) mächtig: *Bernadette Soubirous*. Ihre verarmte Familie hauste 1858 schon zwei Jahre im sog. Cachot (dt. das Loch), dem ehemaligen Gefängnis der Stadt. Ein Raum von 16 Quadratmetern für die 6-köpfige Familie, mit zwei armseligen Betten und einer Wäschekiste ausgestattet. „Ein ekelhaftes dunkles Loch", wie der Staatsanwalt darüber sagte. Welch ein demütigender Abstieg der einst angesehenen Müllers-Familie! Hinzu kamen Hunger und Krankheit, da Vater Soubirous als Tagelöhner nur völlig unzureichende 1,20 Franken am Tag verdiente. Ein Leihpferd brachte es immerhin auf 1,45 Franken! Trotz aller Prüfungen hielt die Familie zusammen und betete gemeinsam den Rosenkranz.

Am 11. Februar 1858 machte sich Bernadette zusammen mit ihrer Schwester Marie und deren Freundin auf den Weg, um außerhalb der Stadt am Ufer des Gave-Flusses angeschwemmte Holzstücke zu sammeln. Als sie sich am Felsen Massabielle („alter Felsen") niedersetzte, um ihre Strümpfe auszuziehen, damit sie wie ihre Begleiterinnen ins Wasser waten konnte, spürte sie ein paar heftige Windstöße. Als sie sich umsah, erblickte sie in der Felsennische oberhalb der damals als Mülldeponie dienenden Grotte die „schöne Dame", die ihren Namen erst einige Wochen später nannte.

Die Erscheinung in Gestalt eines schönen Mädchens mit einem Rosenkranz in der Hand lächelt Bernadette zu und bedeutet ihr mit einer Geste, den Rosenkranz zu beten. Ohne die Lippen zu bewegen lässt sie Perle für Perle durch ihre Hand gleiten.

Erst bei der dritten von 18 Erscheinungen am 18. Februar spricht „Aquero" (= diese), wie Bernadette die Dame in ihrem Dialekt nennt, zum ersten Mal. Zunächst lehnt sie die Bitte ab, ihren Namen aufzuschreiben. „Das ist nicht nötig", sagt sie in der Sprache des Mädchens und fährt fort: „Würden Sie mir den Gefallen tun, zwei Wochen lang hierher zu kommen?" Ein Satz, den Bernadette nie vergessen wird. Von ihr, dem kleinen unbedeutenden Kind, über das sich andere lustig machten, erbittet die Jungfrau einen „Gefallen". Und als ein Erweis unendlicher Achtung und Liebe spricht sie Bernadette mit „Sie" an. Von dem innigen Dialog mit Maria sagt sie: „Sie hat mich angeschaut wie eine Person, die mit einer anderen Person spricht." Gleichsam auf „Augenhöhe", wie man heute sagen würde.

Bei der achten Erscheinung am 24. Februar spricht die Dame von Buße: „Beten Sie zu Gott für die Bekehrung der Sünder." Sie fordert Bernadette auf, sich als Zeichen der Buße niederzuknien und die Erde zu küssen und an dieser Stelle mit bloßen Händen eine Quelle anzugraben. Aus der zunächst nur schlammiges Wasser hervortrat und erst nach drei Tagen die klare Quelle von Lourdes wurde, aus der Bernadette auf Weisung der Jungfrau als Erste trinkt und sich wäscht. Schon bald wurde an dieser Stelle ein Brunnen installiert, aus dem bis heute so ergiebig Wasser hervorsprudelt, dass es sogar für Bäder reicht, in die viele Pilger als Höhepunkt ihrer Wallfahrt sich eintauchen lassen und sich Heilung für Leib und Seele erhoffen.

Von den vielen wunderbaren Heilungen sind 66 sogar von untersuchenden Wissenschaftlern, darunter auch Atheisten, als auf natürliche Weise nicht erklärbar eingestuft worden. Wunder eben. Wie jenes eines heute im Allgäu lebenden Mannes, der von multipler Sklerose im fortgeschrittenen Stadium geheilt wurde. Für Menschen in der ganzen Welt ist das Wasser der Grotte das wichtigste Zeichen der Botschaft von Lourdes geworden.

Insgesamt achtzehn Mal ging Bernadette vom Cachot aus zur Grotte. Bei der 13. Erscheinung am 2. März erhielt sie den Auftrag: „Sagen Sie den Priestern, man soll in Prozession hierher kommen und eine Kapelle bauen." Der Pfarrer, Abbé Peyramale, will ihr nicht glauben und fordert einen Beweis. Die Erscheinung soll ihren Namen sagen und den wilden Rosenstrauch in der Grotte erblühen lassen. Aber die Dame ließ sich Zeit. Erst bei der vorletzten Erscheinung am 25. März nennt „Aquero" schließlich ihren Namen: *„Que soy era Immaculada Councepciou."* (Ich bin die Unbefleckte Empfängnis.) Bernadette kann mit dem Namen nichts anfangen. So sagt sie ihn auf dem Weg zum Pfarrhaus immer wieder vor sich hin, um ihn ja nicht zu vergessen. Als sie dem Pfarrer diese Worte zuruft, ist der bislang so skeptische Abbè überzeugt, dass „Aquero" tatsächlich die heilige Jungfrau ist. Dass Bernadette diesen Namen, den sie gar nicht verstand, nicht erfunden haben konnte. Bewegt erkennt er, was Papst Pius IX. vier Jahre zuvor als Glaubenswahrheit definiert und verkündet hatte: Weil Maria von Gott auserwählt war, die Mutter des Erlösers zu werden, war sie vom ersten Moment ihres Lebens an, vom Augenblick ihrer eigenen Empfängnis an, frei von jedem Makel der Erbsünde und somit auch zu keiner Sünde fähig.

Im Juli 1860 wurde Bernadette in das Hospiz von Lourdes aufgenommen, um dort zu lernen und den Schwestern in Küche und Garten zu helfen. Das Angebot des Bürgermeisters, ihr eine Ausbildung nach eigener Wahl zu finanzieren, lehnte sie mit dem Hinweis ab, einmal Ordensschwester werden zu wollen. Aber es dauerte noch sechs Jahre der inneren Prüfung, ehe sie sich entschloss, um Aufnahme in das Kloster Saint Gilard in Nevers zu bitten, wo sie im Juli 1866 als Schwester Marie-Bernarde ihr Noviziat begann und ein Jahr später ihr erstes Gelübde ablegte. Aber statt wie erhofft nun ausgesandt zu werden und sich Armen und Kranken zu widmen, behielt die Generaloberin sie in Nevers. Sie sei zu nichts zu gebrauchen, berichtet sie dem Bischof. „Das stimmt", sagte Bernadette, „aber sie haben mir doch in Lourdes gesagt, das macht nichts." Der Bischof beorderte sie als Hilfskraft in die Krankenstation des Klosters, deren Leiterin sie schließlich wurde, weil sie das

Vertrauen und höchste Wertschätzung des Arztes des Klosters erfuhr.

Am 16. April 1879, im Alter von 35 Jahren, starb Bernadette an den Folgen einer Knochentuberkulose, die sie ein halbes Jahr ans Bett gefesselt hatte. „Meine weiße Kapelle", wie sie es nannte, wegen der weißen Vorhänge und dem Kreuz, das sie immer bei sich hielt. Die letzten Worte, die sie noch mühsam über ihre Lippen brachte, waren: „Heilige Maria, Mutter Gottes, bitte für mich arme Sünderin – arme Sünderin ..."

Als man ihr Grab 1909 nach 30 Jahren öffnete, war ihr Leichnam ohne eine Spur von Verwesung. So wie man sie damals vorfand, ruht sie nun in einem Glassarg in der Klosterkirche von Nevers, in ihrem Ordenshabit und mit zur Seite geneigtem Kopf.

Am 8. Dezember 1933, am Fest Mariä Empfängnis, wurde sie von Papst Pius XI. heilig gesprochen. Nicht aufgrund der Erscheinungen in ihrer Kindheit, sondern wegen ihrer großen Liebe zu den Kranken und Schwachen und ihrem hingebungsvollen Dienst an ihnen.

Fatima: Die Botschaften Mariens an die Welt

Fatima ist ein Beleg dafür, wie schnell, was sich dort 1917 an Wunderbarem ereignete und weltweites Aufsehen erregte, inzwischen fast schon vergessen ist, als wäre nichts geschehen. Erst Papst Johannes Paul II. erinnerte die Gläubigen und die Welt wieder an das Geschehen zu Beginn des letzten Jahrhunderts, indem er den Erscheinungsort dreimal besuchte und damit seine große Verehrung der Muttergottes von Fatima zum Ausdruck brachte. Einer seiner Vorgänger, Papst Pius XII., hielt die Botschaft von Fatima für das stärkste Eingreifen Gottes durch Maria in die Geschichte der Kirche und der Menschheit seit dem Tod der Apostel.

Was konkret war dort geschehen? In der Zeit von Mai bis Oktober, jeweils am 13. des Monats, erschien den drei Hirtenkindern Lucia (10), Francesco (9) und Jacinta (7), die Muttergottes; in einer lichten Wolke vom Himmel herabschwebend und über einer Steineiche zu den Kindern sprechend. Sie forderte die Kinder immer auf, mit ihr den Rosenkranz zu beten, der von den Händen der schönen Gestalt herabhing. Francesco sah nur, wie sie die Perlen durch ihre Finger gleiten ließ und ihre Lippen bewegte, während die Mädchen auch ihre Worte vernahmen. Ganz offensichtlich ging es der „lieben Frau", wie die Kinder sie nannten, darum, der Welt eine schicksalsträchtige Botschaft durch die Kinder zu übermitteln, deren Inhalt sich kurz etwa so zusammenfassen lässt:

Europa und der Welt droht ein furchtbarer Krieg, weil die Menschen sich von Gott abgewandt haben, ihn missachten, beleidigen und seiner spotten. Und dies, obwohl er aus Liebe zu den Menschen und zur Tilgung ihrer Sündenschuld seinen Sohn auf Erden das größte denkbare Zeichen seiner Liebe hatte setzen lassen: den Opfertod Jesu Christi am Kreuze. Dessen Missachtung beleidigt Gott und bedarf der Sühne. Sie kann geleistet werden einerseits durch das Rosenkranz-Gebet, weil es das ganze Geheimnis von Jesu Erlösungstat beinhaltet und vergegenwärtigt. Zum anderen durch Buße zur Rettung der Seelen. Buße in Form von treuer Pflichterfüllung ebenso wie durch Aufopferung von Leiden zur Vergebung von Sündenschuld, besonders jener, „die der Barmherzigkeit am meisten bedürfen".

Um dieses Anliegen zu unterstreichen, gewährte die Hl. Jungfrau den Kindern einen kurzen Blick in die Hölle. „Hätte der Anblick auch nur einige Sekunden länger gedauert, wir wären (vor Angst und Schrecken) gestorben", sagte Lucia später. Auf die Frage der Kinder hin gab sich die „schöne Dame" als die Immaculata, d. h. die ohne Erbsünde Empfangene, zu erkennen. Sie lehrte die Kinder zwei Gebete. Das eine sollten sie und alle anderen Beter jedem „Gesetzchen" (10 Ave Maria) des Rosenkranzes anfügen, was bis auf den heutigen Tag beim Beten des Rosenkranzes auch geschieht:

„O mein Jesus, Barmherzigkeit.
Verzeih' uns unsere Sünden.
Bewahre uns vor dem Feuer der Hölle.
Führe alle Seelen in den Himmel,
besonders jene, die Deiner Barmherzigkeit
am meisten bedürfen."

Das zweite Gebet lautete:

„O Jesus, das tue ich aus Liebe zu Dir,
für die Bekehrung der Sünder
und zur Sühne für die Sünden
gegen das unbefleckte Herz Mariens."

Überdies gewährte Maria den Kindern einen Blick in die Zukunft, wie sie sich darstellen könnte, wenn die Menschheit nicht umkehrt (Buße=Umkehr!) und vertraute ihnen drei Geheimnisse an, dessen letztes erst kurz vor der Jahrtausendwende von Rom veröffentlicht wurde. Sie enthalten Prophetien, die sich alle als richtig erweisen sollten. So sagte sie die Bekehrung Russlands zu einem Zeitpunkt voraus, als die Oktober-Revolution und die folgenden Christenverfolgungen durch die Bolschewisten unter Stalin noch gar nicht stattgefunden hatten. Die Bekehrung Russlands und die Verhinderung der Verbreitung seiner Irrlehren auf der ganzen Welt (Erlösung der Menschheit durch den Kommunismus!) für den Fall, dass die Menschheit ihrem großen Anliegen Rechnung tragen würde.

Tatsächlich lösten die Ereignisse von Fatima eine Gebetslawine aus, die um die ganze Welt ging. Den Zweiten Weltkrieg mit 55 Millionen Toten (die meisten davon Russen!) konnte das vielstimmige Gebet nicht verhindern, wohl aber den durchaus möglichen großen atomaren Weltbrand, der im Zuge des Kalten Krieges durchaus hätte entfacht werden können. Man denke nur an die Kuba-Krise, als der russische Kommandant der Karibikflotte von Chruschtschow bereits ermächtigt worden war, im Bedarfsfall, d. h., wenn die Amerikaner Cuba angreifen sollten, taktische Atomwaffen einzusetzen. Mit Folgen, die sich niemand auszudenken vermag. Buchstäblich in letzter Minute sagte der Kreml-Chef der zu allem entschlossenen US-Regierung unter Präsident Kennedy den Abzug aller auf Kuba bereits stationierten Atom-Raketen zu. Zufall oder göttliche Fügung und Erhörung der Gebete? Fatima gibt Anlass eher an Letzteres zu glauben.

Um den vielen Zweiflern an den Aussagen der Seherkinder den Boden zu entziehen, sagte Maria für den Tag ihrer letzten Erscheinung, den 13. Oktober 1917, ein Wunder voraus. Die Kunde davon verbreitete sich rasch in Portugal und über seine Grenzen hinaus. So kam es, dass an diesem Tag am Erscheinungsort, der Cova da Iria, ein Feld nahe Fatima, geschätzte 50.000 bis 70.000 Menschen zusammengeströmt waren. In durchnässten Gewändern, da es in der Nacht zu regnen begonnen hatte. Die kleine Jacinta musste auf den Armen eines

Mannes durch die Menschenmassen zur Erscheinungsstätte getragen werden.

Gegen 12 Uhr mittags hörte der Regen auf, und zum letzten Mal erschien „die wunderschöne, weiße Frau" von einem Lichtglanz umgeben, über der kleinen Steineiche schwebend. „Was wünschen Sie von mir?", fragte Lucia. „Ich möchte dir sagen, dass hier eine Kapelle zu meinen Ehren gebaut werden soll. Ich bin Unsere Liebe Frau vom Rosenkranz. Man soll weiterhin den Rosenkranz beten. Der Krieg geht zu Ende, und die Soldaten werden in Kürze nach Hause zurückkehren." ... Noch einmal, zum letzten Mal nahm die „schöne Dame" Abschied von den Kindern. Sie öffnete ihre Hände und ließ sie in einem gleißenden Lichtschein erstrahlen. Während sie sich erhob und der Sonne zuglitt, strahlte ihr eigenes Licht am Himmel und schien sich mit der Helligkeit des Zentralgestirns, das jetzt zwischen den Wolken hervorgekommen war, zu vereinigen." (M. Hesemann, *Das Fatima-Geheimnis*, S. 66 f.)

Und dann geschah das Unerwartete. Die Menge wurde Zeuge, wie die Sonne sich perlmutterartig zu färben und mit rasender Geschwindigkeit zu drehen begann, die Erde nacheinander in das Licht der Farben des Regenbogens tauchte und schließlich vom Himmel zu stürzen schien, bis sie in einiger Höhe über dem Horizont innehielt. Die Menschen schrien auf, knieten nieder oder warfen sich ganz auf den Boden und beteten. So als ob sie das Ende der Welt erwarteten. Dieses „Schauspiel" dauerte etwa acht bis zehn Minuten. Wunderbarer Weise konnten sie in das Licht der Sonne schauen, ohne ihre Augen zu schädigen, und am Ende waren sogar ihre zuvor noch durchnässten Sachen wieder knochentrocken.

„Das Sonnenwunder von Fatima, das von 50.000 bis 100.000 Menschen beobachtet wurde, ist unbestreitbar. Doch das vielleicht größere Wunder von Fatima war, zumindest für die Vertreter der Kirche, der Fatima-Effekt, die Erneuerung des Glaubens in Portugal, dem Land, in dem in den Jahren zuvor ein harter Kampf gegen den Katholizismus geführt wurde. Oft heißt es in den Annalen der Christenheit, dass ein Wunder der bedrängten Kirche zu Hilfe kam, und vielleicht war Fatima ein solches in schwerer Zeit." So das Urteil Hesemanns. (a.a.O., S. 82)

Die Bedrängnis in Portugal ging seit 1910 von einer von Freimaurern und Freidenkern angeführten republikanischen Regierung aus, die einen erbitterten Kampf gegen die katholische Kirche Portugals führte. Für die Logenbrüder und ihre Unterstützer war die katholische Kirche ein Instrument der Unterdrückung und Entmündigung des Menschen und eine Kampfansage an die Vernunft, ihrem höchsten Ideal. Ihr Gottesbild war abstrakt und unpersönlich und widersprach diametral dem christlichen Gottesbild mit dessen Gnadenlehre und dem Glauben an Jesus Christus, der in die Welt gekommen ist und als Sühneopfer für die Sünden der Menschen am Kreuze starb und durch seine Auferstehung zur Hoffnung der ganzen Menschheit wurde. In zehn Jahren nach der Machtergreifung 1910, so wähnte die neue Regierung, werde es die Kirche in Portugal nicht mehr geben. Mit Einschränkungen, Verboten und Gewalt – der Bischof von Leiria z.B. wurde zum Krüppel gefoltert – sollte dieses Ziel erreicht werden. Fatima brachte die Wende. Da half es auch nicht, dass eine lokale Freimaurerloge 1922 die inzwischen errichtete Kapelle durch Sprengsätze stark beschädigte. Eine Bombe, die an der Steineiche angebracht war, auf der die Gottesmutter sechs Mal erschienen war, explodierte nicht. Für die Gläubigen ein weiteres Wunder und Grund, die Kirche noch stärker zu stützen, durch Massende-monstrationen und Wallfahrten zum Ort der Erscheinungen.

Acht Jahre später, 1930, erkannte die Amtskirche nach strenger Untersuchung der Vorgänge die Echtheit der Erscheinungen an. Der Bischof von Leiria ließ in einem Hirtenbrief verlauten:

> Wir erklären die Visionen der Hirtenkinder
> in der Cova da Iria,
> Pfarrei von Fatima,
> vom 13. Mai bis 13. Oktober 1917,
> für glaubwürdig.
> Wir erlauben offiziell die Verehrung
> Unserer Lieben Frau von Fatima.

„Von diesem Augenblick an war Fatima nicht mehr das Dorf in der Serra de Aire, es war der Leuchtturm der Christenheit in einer sturmgepeitschten Zeit." (a.a.O., S. 88) Zu Hundert-tausenden kamen die Pilger aus allen Ländern der Erde. Auch heute noch. Das „Land der Jungfrau Maria" (die Gottesmutter gilt seit Jahrhunderten als Schutzpatronin Portugals) wurde zu einer Insel des Friedens, während in Spanien der Bürgerkrieg tobte (1936-38), zehn Bischöfe, 5000 Priester und 300.000 Menschen aufgrund ihrer religiösen oder politischen Über-zeugung hingerichtet oder ermordet wurden und Hitler den Zweiten Weltkrieg entfesselte.

Von den drei Seherkindern starben Francesco und Jacinta schon im Kindesalter an der sog. Spanischen Grippe, der Mil-lionen Menschen in Europa zum Opfer fielen. Die Jungfrau Maria hatte ihnen den frühen Tod vorausgesagt. Nur Lucia überlebte und hat auf Drängen des Bischofs von Leiria ihre

Erlebnisse später in mehreren Bänden ausführlich niederge-
schrieben. Dazu gehören auch die „drei Geheimnisse", die auf
Weisung der Jungfrau erst später veröffentlicht werden sollten.
Alle darin prophezeiten Geschehnisse traten tatsächlich ein.

Natürlich wurde schon viel gerätselt, warum die Jungfrau Maria gerade diese drei Hirtenkinder für ihre Botschaften an die
Menschheit erwählt hat. Keines von ihnen konnte damals lesen und schreiben. Lucia lernte es erst später im Kloster und
war ein Mädchen wie jedes andere. Ein Kind frommer Eltern
zwar, die mit ihr den Rosenkranz beteten, aber auch ein Mädchen, das gern tanzte und sich bei Festen eitel mit bunten Bän-
dern schmückte, um zu gefallen. Die Erscheinung der Gottesmutter, die zur Buße und Sühne zur Rettung der Sünder
aufforderte, änderte ihr Leben radikal. Hoch betagt starb sie
erst 2004 im Alter von 97 Jahren. Mehrfach traf sie sich mit
Papst Johannes Paul II. bei seinen Besuchen in Portugal und
Fatima. Johannes Paul war ein großer Marien-Verehrer und
überzeugt davon, dass er sein Überleben beim Attentat auf ihn
durch Ali Agca 1983 dem Schutz der Muttergottes verdankte.

Nach den wenigen aufgezeigten Fakten zum Thema Wunder
kommen wir um die Feststellung nicht umhin, dass es neben
dem wissenschaftlich Erforschbarem ganz offensichtlich Dimensionen des Seins gibt, die sich dem Messbaren und Er-
forschbaren prinzipiell entziehen, aber dennoch existent sind.

Ein Mehrfaches können wir, zu unser aller Trost, am Ende fest-
halten: Wenn Gott, wie wir zu glauben allen Anlass haben, der
Schöpfer des Himmels und der Erde ist und – wie durch Jesus
Christus geoffenbart – liebender Vater aller Menschenkinder,
dann wird ihm auch daran gelegen sein, dass der Verlauf der
Geschichte trotz aller Irrungen und Wirrungen, verursacht

durch die Handlungsfreiheit der Menschen, letztlich auf eine Heilsgeschichte hinausläuft. Damit das so ist, aber die Freiheit seiner Geschöpfe als Partner seiner Liebe unangetastet bleibt – jeder unmittelbare Eingriff Gottes würde uns schlagartig unserer Freiheit berauben und uns erdrücken – greift er, wenn nötig, immer nur mittelbar ein:

- indem er sich großer Heiliger und heiligmäßig lebender Männer und Frauen bedient, um den Glauben an den Erlöser Jesus Christus, seinen Sohn, nicht erlöschen zu lassen.

- indem er seit den Erdentagen Jesu Christi sich der Wunder bedient, um seine Geschöpfe auf die Existenz einer transzendenten Welt und Macht hinzuweisen und auf eine kommende Welt vorzubereiten, einer Existenz mit oder gegen ihn. Letzteres bezeichnen wir gemeinhin als die Hölle.

- indem er sich der Mutter Jesu, der Jungfrau Maria, als Mittlerin bedient, um unser Schicksal möglichst zum Guten hin zu beeinflussen. Wie am Beispiel Fatima zu sehen, tritt Maria besonders dann in Erscheinung, wenn der Menschheit durch den Abfall von Gott und durch menschliche Hybris besonderes Unheil droht.

Wer eine der heiligen Stätten wie Lourdes, Fatima, Ars oder Santiago de Compostela besucht, wird sich der suggestiven Kraft dieser Orte kaum entziehen können. So mancher Zweifler oder Agnostiker hat dort denn auch seinen Glauben gefunden oder neu entdeckt.

Ein solches intuitives, gnadenhaftes Geschehen wird und kann sich allerdings nur ereignen, wenn wir der Torheit unseres Hochmuts – für Augustinus besteht diese im Streben nach falscher Hoheit, der Ablösung vom Urgrund unseres Seins und der Selbstgefälligkeit unseres Geistes – die Offenheit auf das Unendliche hin entgegenstellen.

Oder mit den Worten Benedikts XVI. gesagt, „eine Wachsamkeit und Fühlsamkeit für das Ganze des Seins; eine Demut des Denkens, die bereit ist, sich der Majestät der Wahrheit (Gott) zu beugen, vor der wir nicht Richter, sondern Bettler sind: Nur dem wachen, demütigen Herzen zeigt sie sich.“ Und an gleicher Stelle fährt er fort: „Solche Offenheit für das Unendliche, den Unendlichen, hat nichts mit Leichtgläubigkeit zu tun; sie verlangt im Gegenteil wachste Selbstkritik. Sie ist offener und kritischer als jene Beschränkung auf das Empirische, in der der Mensch seinen Herrschaftswillen zum Maßstab der Erkenntnis macht.“ (Benedikt XVI., *Auf Christus schauen*, S. 27) Eine solche Demut vor der Größe der Wahrheit verlange die Bereitschaft „auf die großen Zeugen der Wahrheit, auf die Zeugen Gottes zu lauschen, um auf den Weg der Erkenntnis zu kommen.“ (a.a.O.)

Diese Zeugen Gottes sind die Heiligen. An erster Stelle Maria, die Mutter Jesu, welche, wo immer sie zum Ruhme Gottes verehrt wird, sich durch ihre Erscheinungen auch als Mutter der bedrängten Christenheit erwiesen hat. Und von all jenen dankbar vernommen wurde und wird, deren Organ für die Wahrheit, der „Sinn für Gott“ (Pius XII.), noch nicht völlig abgestumpft ist. Oder, um es mit den Worten Christi zu sagen: „Selig, deren Herz rein ist, denn sie werden Gott sehen.“ (Mt, 5,8) Mit „rein“ ist das offene und demütige Herz gemeint, „das nicht ganz mit sich selbst ausgefüllt ist, unfähig, der Majestät der Wahrheit Raum zu geben, die Verehrung und letztlich Anbetung verlangt.“ (a.a.O., S. 29)

Ganz sicher ist das Sonnenwunder von Fatima vom 13. Oktober 1917 eines der größten Wunder seit den Erdentagen Jesu Christi, und das vor über 50 000 Augenzeugen, die alle das Gleiche sahen und bezeugten. Noch keine 100 Jahre ist dieser überwältigende Einbruch des Übernatürlichen her, und doch wissen die wenigsten selbst unter Katholiken heute noch davon. Das sollte uns in mancherlei Hinsicht nachdenklich machen. Wenn wir in unserem vom Rationalismus geprägten Hochmut nicht einmal mehr das viel tausendfach bezeugte Wunder von Fatima wahr- und ernst zu nehmen bereit sind, dann erklärt sich fast von selbst, warum heute immer weniger Menschen in Europa dem biblischen Zeugnis über Leben, Tod und Auferstehung des Gottessohnes noch echten Glauben schenken, d. h. sich zu Christus und seiner Kirche bekennen. Die tiefer liegenden Gründe dafür haben wir in vorangehenden Kapiteln darzulegen versucht.

Natürlich gilt nach wie vor, was die Kirche lehrt: dass mit Jesus Christus die Offenbarung Gottes abgeschlossen ist. Dass er durch die Menschwerdung seines Sohnes, sein Leiden und Sterben, ein unüberbietbares Zeichen seiner Liebe gesetzt hat, von einer unfassbar großen, weil göttlichen Liebe. Mit den Worten Jesu ausgedrückt: „Niemand hat eine größere Liebe als der, der sein Leben hingibt für seine Freunde"(Joh. 15,13).

Und auch die Deutung von Jesu Leiden und Sterben als Wiederherstellung der durch die Urschuld zersplitterten Schöpfung *(Irenäus von Lyon)* oder der sühnenden Genugtuung *(Anselm von Canterbury)* mag stimmen. Aber letztlich, so *Eugen Biser*, Inhaber des Lehrstuhls für *Christliche Weltanschauung und Religionsphilosophie* in München bis 1987, verfolgte der Opfertod Christi keinen Zweck. „Er trug seinen Zweck und

Sinn ausschließlich in sich selbst. Sein ganzes Leben war ein fortwährender Akt der Hingabe, der Selbstübereignung an Gott und die Menschheit ... Es war so von Gott vorherbestimmt und in den prophetischen Aussagen der Bibel angekündigt. Deshalb und aus keinem anderen Grund musste er sterben." (Eugen Biser, *Die Frage von Ostern: Umsonst gestorben?*, Vortrag von 2004)

Aber nicht nur ein Zeichen von unendlich großer Liebe, sondern auch ein Zeichen göttlich-unendlicher Demut, dem irdisch-menschlichen wie dem kosmisch-luziferischen Hochmut entgegengesetzt. Denn Liebe und Demut gehören untrennbar zusammen.

Gott kann und wird nicht zulassen, das sein Christus-Eingriff in die Weltgeschichte, ein Eingriff von so unfassbar liebender Zuwendung zur gesamten Menschheit, einfach in Vergessenheit gerät. Die Gottvergessenheit der Moderne ist, auch das muss gesagt werden, ein ausschließlich europäisches Phänomen, das seit der Aufklärung nicht zuletzt auch einer falschen Gottesrede der Kirche zuzuschreiben ist. Aus Liebe und Sorge um diesen Teil der Welt greift er, ohne die Freiheit des Menschen zu beeinträchtigen, auch nach bald 2000 Jahren immer wieder einmal mittelbar durch Wunder in das Weltgeschehen ein, sichtbar und trostvoll für alle Menschen demütigen Herzens.

Das ganze Ausmaß der Liebe Christi wird uns wohl erst „post mortem", also nach unserem Tode offenbar werden; überwältigend und jeden vor die Entscheidung stellend: liebende Anbetung oder luziferische Verweigerung gegenüber dem allheiligen, dreifaltigen Gott, der die Liebe selber ist. Aber auch schon in diesem Leben wird Gott, um der Liebestat Jesu willen, alle Versuche scheitern lassen, ein Art „Christentum light" zu verkünden, das dem „Skandal" des Kreuzestodes Christi aus dem Weg zu gehen versucht. Wahr ist und bleibt, was Paulus in seinem Brief an die Korinther schreibt: „Für die Juden ein Ärgernis, für die Heiden eine Torheit, den Berufenen aber Gottes Kraft und Weisheit." (1 Kor. 24,2)

Schlussbetrachtung

Unser Dasein in seinem Verhältnis von Gott und Mensch ist eigentümlich geprägt von einer unbegreiflichen Paradoxie. Wir gewahren bei näherem Hinsehen die Tugend der Demut gerade dort, wo wir sie am wenigsten erwartet hätten: bei Gott selber. Romano Guardini hat uns dies, wie wir sahen, mit großer Einfühlsamkeit wieder bewusst gemacht. Und Gottes Geschöpf, der Mensch, wie steht es diesbezüglich mit ihm?

Man muss kein großer Grübler sein, um darüber tatsächlich ins Grübeln zu kommen. Angesichts dessen, was sich täglich vor unseren Augen abspielt. Eine Reihe von Fragen drängen sich dem Nachdenklichen auf. Fragen etwa wie diese:

– Hat sich das materialistische Denken schon so sehr unser bemächtigt, dass wir in einer Weise in den Tag hineinleben, als ob es Gott gar nicht gäbe, als sei er, wie der Positivist *Laplace* gegenüber Napoleon äußerte, eine entbehrliche Hypothese?

– Ist unser Sinn für das Transzendente schon so sehr abgestumpft, dass wir nur noch das Sichtbare und Begreifbare als wirklich gelten lassen?

– Verweist uns die Schönheit in dieser Welt und die wahre Liebe nicht mehr auf einen Urheber, der selber die Schönheit und die Liebe sein muss? Oder ist Liebe am Ende nur noch banaler Eros, der die Schönheit gar nicht mehr wahrnimmt? Obwohl doch beide der gleichen Quelle entspringen und geschwisterlich zusammengehören.

– Welcher Unernst macht sich um uns breit, dass wir, wie einst die vorchristlichen Epikuräer, Spaß und Genuss implizit oder auch explizit zum Sinn des Lebens erklären?

- Anerkennen wir noch letzte höhere Werte oder frönen wir einem Relativismus, der alles in das Belieben des Einzelnen stellt? Unter Berufung auf eine Freiheit, die keine Verantwortung mehr kennt?

- Haben wir sittlich-moralisch noch genügend festen Boden unter den Füßen und damit Maßstäbe, mit denen wir messen können? Oder ist gut nur noch das, was mir nützt?

- Können wir überhaupt noch selbständig denken, oder wiederholen wir nur, was wir an Stammtischen und in Talkshows so mitbekommen? Was der Zeitgeist uns wohlfeil zuflüstert?

- Welcher Katharsis bedürfte es, um unser Denken und Handeln von Grund auf zu reinigen? Oder meinen wir hochmütig, einer solchen Reinigung unserer Gesinnung gar nicht zu bedürfen?

Fragen wie diese verdienen es, mit großem Ernst geprüft und selbstkritisch beantwortet zu werden, weil von ihnen unendlich viel abhängt. Gradmesser für richtig oder falsch kann dabei immer nur eines sein: Taugen unsere Antworten für ein geglücktes Leben und halten sie stand auch vor dem Tod, sub specie aeternitatis, vor dem Angesicht der Ewigkeit, vor Gottes Wahrheit und Gericht.

Eine einzigartige Hilfestellung kann uns bei dieser Gewissenserforschung das Christentum sein. Nicht das oft verzerrt, einseitig und moralinsauer dargestellte Christentum, das seine Gegner und selbstgefällige Kritiker uns gerne suggerieren. Sondern das Christentum, das uns der Mensch gewordene Gottessohn verkündet und vorgelebt hat. So eindrucksvoll, dass selbst der Atheist und schärfste Kritiker des Christentums, *Friedrich Nietzsche*, der Person Jesu Christi großen Respekt zollte.

Angesichts der Größe dessen, was Jesus verkündete, „Wer an mich glaubt, wird leben in Ewigkeit", können wir dabei auch nur gewinnen. Neudeutsch: sind wir in einer Win-win-Situation. Die sittlichen Maßstäbe, die er setzte bzw. nach alt-testamentarischer Tradition bestätigte, sind allerdings von hohem Anspruch und nichts für überzeugte Egomanen und religiöse Eklektiker: Zum einen die Einhaltung der 10 Gebote, die Mose einst am Berge Horeb von Gott empfangen hat; mit dem obersten Gebot der Gottes- und Nächstenliebe. Und zum anderen die alle bisherigen Maßstäbe sprengenden Forderungen der Bergpredigt (Mt. 5-7; Lk. 6, 20-49), die in der Aufforderung zur Feindesliebe gipfeln. Jesus selber hat diese mit letzter und übermenschlicher Konsequenz vorgelebt. Man lese dazu nur mal seine Leidensgeschichte, wie sie Matthäus und Johannes uns aufgezeichnet haben. Und alle Apostel, mit Ausnahme von Johannes, und die vielen Märtyrer standen in seiner Nachfolge. „Herr vergib ihnen, denn sie wissen nicht, was sie tun", waren die letzten Worte des ersten Märtyrers Stephanus bei seiner Steinigung durch die Feinde der neuen Lehre.

Ehrlich Suchende – und davon gibt es nach Aussagen von Religionssoziologen auch in unserer Zeit eine steigende Anzahl – werden nicht auf Dauer in der Ungewissheit eines Dr. Faustus leben müssen, der da sagt: „Die Botschaft hör' ich wohl, allein mir fehlt der Glaube." Denn dem aufrichtig und demütig Suchenden kommt Gott mit seiner Gnade immer schon von weitem entgegen. Hinzu kommt, dass Glauben ein zutiefst menschlicher Akt ist, eine Fähigkeit, die dem Menschen von Natur aus eingestiftet ist. Sie kann aber auch, frei wie der Mensch in dieser Frage ist, unterdrückt und verdrängt werden. Im Katechismus der katholischen Kirche heißt es dazu: „Es widerspricht weder der Freiheit noch dem Verstand des Menschen, Gott Vertrauen zu schenken und den von ihm offenbarten Wahrheiten zuzustimmen." (S.75, 154) Deshalb konnte der Hl. Augustinus voller Zuversicht sagen: „Ich glaube, um zu verstehen, und ich verstehe, um zu glauben." (Sermones, 43, 7-9).

Der Glaube ist aber nicht allein ein Gnadengeschenk Gottes. Die inneren Hilfen sind, um der Vernunft genüge zu tun, verbunden mit äußeren Beweisen seiner Offenbarung. „So sind die Wunder Christi und der Heiligen, die Weissagungen, die Ausbreitung der Kirche, ihr Fortbestehen ganz sichere und dem Erkenntnisvermögen aller angepasste Zeichen der göttlichen Offenbarung." (*Katechismus der katholischen Kirche*, S. 76)

Wir können also getrost davon ausgehen, dass die Hilfen zum Glauben für jeden und jederzeit bereitstehen, nämlich die Gnade Gottes und die sog. äußeren Beweise seiner Offenbarung. Es bedarf aber unseres Zutuns, um zum Glauben zu finden bzw. daran festzuhalten.

Es ist sicherlich keine bösartige Unterstellung, zu behaupten, dass es heute vielfach eben an diesem Bemühen mangelt. Mit den entsprechenden Folgen. Wir halten uns lieber an das, was Gegenstand eines Experiments sein kann, um es für wahr zu halten. Dieser Hochmut der Beschränkung der menschlichen Vernunft hat „eine schreckliche, mittlerweile klar erkennbare Schizophrenie (hervorgebracht), in der Rationalismus und Materialismus, Hypertechnologie und zügellose Triebhaftigkeit zusammenleben. Deshalb ist es dringend notwendig, in einer neuen Art und Weise die Vernünftigkeit des Menschen wieder zu entdecken, die offen ist für das Licht des göttlichen *Logos* und seine vollkommene Offenbarung: Jesus Christus, den Mensch gewordenen Sohn Gottes."(Benedikt XVI., *Gott und die Vernunft*, S. 9)

Vielleicht, nein mit Sicherheit, würde uns dabei helfen, was Romano Guardini seinen Lesern empfiehlt: „Über Ihn (Jesus Christus) lesen, über Ihn nachdenken, zu verstehen suchen, was Er will. ... Er (der Leser) kann darauf vertrauen, dass langsam etwas in ihm wächst; etwas Stilles, Klares, Ernstes, Trostvolles." (R. Guardini, *Johanneische Botschaft*, S. 51) Wir müssen nur wieder die Demut aufbringen, die Hände zu falten. Keinesfalls sollten wir es dazu kommen lassen, dass äußere Umstände für die fällige Katharsis sorgen, der Reinigung unserer Gesinnung. Durch Nöte aller Art, die einen persönlich oder auch ganze Gesellschaften heimsuchen können. Nur unter größten Schmerzen würde aus dem inneren oder äußeren Chaos das unserem Menschsein einzig Angemessene neu hervorgehen können, dem unser Hochmut oft so beharrlich entgegensteht: Der Glaube an Gott und seinen Mensch gewordenen Sohn und Erlöser dieser Welt und deren Richter und Retter am Ende der Zeiten.

Ein bemerkenswertes Beispiel für eine Umkehr soll an dieser Stelle noch erwähnt werden, welches zeigt, dass einem Suchenden auch nach vielen Um- und Irrwegen die „Gnade der späten Einsicht" zuteil werden kann. Ich denke da nicht an viele der Heiligen, denen das widerfahren ist; etwa dem heiligen Augustinus oder in neuerer Zeit der heilig gesprochenen *Edith Stein*, die ganz einzigartige Biographien aufweisen.

Meine Bezugsperson ist vielmehr eine Frau, deren Vater in den bewegten 68er Jahren ein bekannter linker Journalist war und die nun ihrerseits als Journalistin tätig ist und etliche Bücher geschrieben hat: *Gabriele Kuby*. Ihre Biographie veranschaulicht geradezu exemplarisch, worum es im Letzten immer wieder geht: Den Hochmut des modernen Menschen, der glaubt, ohne

Gott auskommen zu können und auf seiner Suche nach Lebenssinn, Glück und Erfüllung in do-it-yourself-Manier sich heillos verrennt, in immer neuen Sackgassen landet.

Gabriele Kuby durchlief eine typische 68er-Laufbahn: Als Studentin zunächst als Mitläuferin der mit großem Pathos marxistische Sprüche skandierenden Protestierer und Randalierer. Früh erkannte sie aber die Hohlheit dieser Parolen; vor allem der schizophrene Umgang der 68er mit den historischen und politischen Fakten stieß sie ab: Auf der einen Seite die berechtigte Brandmarkung der Naziverbrechen und anderseits die Blindheit für die monströsen Verbrechen Stalins und Maos und das Unrechtsregime in Ostdeutschland mit Mauer und Stacheldraht. Aber auch die weltweite Friedensbewegung der Hippies in den siebziger Jahren mit Marihuana und „freier Liebe" stieß sie bald ab. An Unkonventionellem blieb da nur noch die Esoterik-Welle der achtziger und frühen neunziger Jahre, etwa das New Age, von der sie sich mitreißen ließ. Ohne allerdings den erhofften inneren Frieden zu finden.

Da warf ihr, wie sie selber es ausdrückt, eines Tages „Gott einen Köder in die Lücke meines Lebenslaufes, und ich biss an" (G. Kuby, *Die Sehnsucht einer Konvertitin nach heiligen Priestern*, S.18, 2008): Ein Sonnenuntergang, als sie ziemlich verloren auf der Landstraße nach Spanien unterwegs war und noch im gleichen Jahr Beethovens letzte Klavier-Sonate. „Zwei Erlebnisse", so schreibt G. Kuby, „die mir die Wirklichkeit Gottes aufleuchten ließen und mich zu einer Gottsucherin machten."(a.a.O.) Als sie die fünfzig überschritten hatte, 1996, erfolgte nach 18 Ehejahren die Trennung von ihrem Mann, woraufhin sie mit drei halbwüchsigen Kindern allein dastand. „Ich war am Ende meines Lateins." In dieser Not riet ihr eine junge Nachbarin zum Gebet und brachte ihr eine Novene mit den großen Verheißungen Christi. Jedes Gebet endete mit der Erwiderung Marias an den Verkündigungsengel: „Ich bin eine Magd des Herrn. Mir geschehe nach deinem Wort."

Aber vorerst stand noch eine lächelnde Buddha-Statue an ihrem Meditationsplatz, an dem sie sich bemüht hatte, mit der „göttlichen Energie" zu verschmelzen. „Der Schritt in den (christlichen) Glauben fühlte sich an, als sollte ich vom Zehnmeterbrett springen, ohne zu wissen, ob unten Wasser ist", schreibt die Autorin an anderer Stelle und fährt fort: „Niemals in meinem Leben habe ich mehr Mut gebraucht. Zum ersten Mal sprach ich Gott als Person an. Der Meditationsplatz wurde zum Gebetsplatz" (a.a.O., S. 21) Und es dauerte nicht mehr lange, bis Buddha zusammen mit Körben voller esoterischer Literatur ihr Haus verließen.

Ihr Entschluss, katholisch zu werden, in einem Umfeld, in dem Kirche und Katholizismus die letzte aller Optionen war, fiel plötzlich und unumstößlich. „Es war reine Gnade. Gott hatte Erbarmen mit diesem verlorenen Schaf und warf mir eine Strickleiter zu, mit der ich in das große Boot einsteigen konnte, das die Pforten der Hölle nicht überwältigen werden. Es war Maria, die die Tür öffnete", schreibt Gabriele Kuby in ihren Erinnerungen. Am 12. Januar 1997, dem Fest der Taufe Jesu, ließ sie sich taufen und wurde in die katholische Kirche aufgenommen. „Damit war der Wechsel vollzogen vom egoistischen Weg des Do-it-yourself hin zu Jesus Christus, dem Erlöser aller Menschen. Er ist der Weg, er ist das Leben, er ist die Wahrheit. Dies zu glauben war die größte Hürde der Bekehrung in einer Welt, die uns zu Feinden des Friedens erklärt, wenn wir uns dazu bekennen."

Eindrucksvoller als diese Geschichte der Hinwendung zum Glauben an Gott und den Erlöser Jesus Christus lässt sich nicht belegen, was wir oben gesagt haben: Dem Suchenden kommt Gott mit seiner Gnade immer weit entgegen, nicht erst auf halbem Wege. Aber niemals zwingt er uns eine Entscheidung für ihn auf, so wenig wie Jesus es in seiner Erdenzeit getan hat. Der Entschluss dazu muss in voller Freiheit immer von uns selbst ausgehen. Lieben und singen lässt sich nicht zwingen, sagt ein altes Sprichwort. Und schon gar nicht die Liebe zwischen Gott und Mensch. Die Voraussetzung für einen solchen Entschluss ist unsere Demut, die uns für das Heilige erst empfänglich macht. Oft bedarf es, wie im vorliegenden Fall, besonderer Lebensumstände, um den falschen Stolz und Hochmut abzutöten, der uns ohne selbstkritisches Hinterfragen in einer Haltung bestärkt, Gottes und der Kirche Christi nicht zu bedürfen.

Religionssoziologen wie *Paul Michael Zulehner* stellen ganz nüchtern fest, dass diese hochmütige „Gottvergessenheit" ein signifikantes Merkmal unserer Zeit sei. Und Benedikt XVI. verzeichnet eine allgemeine „Glaubensmüdigkeit" im westlichen Europa. Dass dies auch und gerade in unserer von den Wissenschaften geprägten Zeit nicht so sein muss, dafür stehen, wie ich meine, die Inhalte dieses Buches. Sofern wir bereit sind, sie als Anstöße für ein spirituelles Update wahrzunehmen.

Literatur

Barbour, Ion, When Science meets Religion, 2000

Barrow, J. D./Tipler, F. J., The Anthropic Principle, 1986

Berger, Klaus, Jesus, 2004

Biser, Eugen, Der Mensch, das uneingelöste Versprechen,1995

Biser, Eugen, Hat der Glaube eine Zukunft, 1994

Brantschen, Johannes, Warum lässt der gute Gott uns leiden, 1992

Collins, Francis S., Gott und die Gene, Ein Naturwissenschaftler begründet seinen Glauben, 2007

Eichelbeck, Reinhard, Das Darwin-Komplott, 1999

Gitt, Werner, Schuf Gott durch Evolution?, 1998

Guardini, Romano, Johanneische Botschaft, TB 1981

Guardini, Romano, Glaubenserkenntnis, TB 1983

Habermas/Ratzinger, Die Dialektik der Aufklärung, 2005

Hawking, Steven, Ein kurze Geschichte der Zeit, 1999

Hesemann, Michael, Das Fatima-Geheimnis, 2008

Hesemann, Michael, Jesus von Nazareth, 2009

Illies, Joachim, Der Jahrhundert-Irrtum. Würdigung und Kritik des Darwinismus, 1983

Kuby, Gabriele, Die Sehnsucht einer Konvertitin nach heiligen Priestern, 2008

Küng, Hans, Der Anfang aller Dinge, 2005

Kuhn, Wolfgang, Stolpersteine des Darwinismus, 1987

Kuhn, Wolfgang, Gottes Handschrift in der Schöpfung, 1994

Lütz, Wolfgang, Gott. Eine kleine Geschichte des Größten, 2007

Matussek, Matthias, Das katholische Abenteuer, 2012

Peacock, Roy E., A Brief History of Eternity, 1989

Philbert, Bernhard, Der Dreieine, 1987

Religionsmonitor der Bertelsmann-Stiftung, 2013

Ratzinger, Joseph, Salz der Erde, 2004

Ratzinger, Joseph, Benedikt XVI., Auf Christus schauen, 2005

Ratzinger, Joseph, Benedikt XVI., Gott und die Vernunft, 2007

Ratzinger, Joseph, Benedikt XVI., Jesus von Nazareth, 2007

Robert Kardinal Sarah/Nicolas Diat, Gott oder nichts, 2015

Shell-Studie 2015

Seewald, Peter, Als ich begann, wieder an Gott zu denken, 2006

Simon, Lutz, Wissenschaft contra Gott? 2007

Swinburne, Richard, Die Existenz Gottes, 1987

Strobel, Lee, Die Auferstehung Jesu. Mythos oder Wahrheit. 2004

Thürkauf, Max, Christuswärts, 1987

Thiede, C. P., Der historische Jesus, 2007

Vollmert, Bruno, Das Molekül und das Leben, 1985

Vollmert/Löw/Scheffczyk/von Balthasar, Schöpfung, 1988

Ward, Keith, God, Chance and Necessity, 1996

Ward, Peter/Brownlee, Donald, Rare Earth. Why Complex Life is Uncommon in the Universe, 2000

Zulehner, Paul Michael, GottesSehnsucht, Sprirituelle Suche in säkularer Kultur, 2010